体育运动

防身术 散打

FANGSHENSHU

主编 赵权忠 田云平
　　　 岳言 孙岩

走进**大自然**
走到阳光下
养成**体育锻炼**
好习惯

吉林出版集团股份有限公司 全国百佳图书出版单位

图书在版编目（CIP）数据

防身术 散打 / 赵权忠，田云平等主编.—长春：吉林出版集团股份有限公司，2011.5（2024.1重印）
ISBN 978-7-5463-5259-6

Ⅰ.①防… Ⅱ.①赵… ②田… Ⅲ.①防身术—青年读物②防身术—少年读物③散打（武术）—青年读物④散打（武术）—少年读物 Ⅳ.①G852-49

中国版本图书馆CIP数据核字（2011）第081741号

防身术 散打

主编	赵权忠 田云平 岳言 孙岩
责任编辑	息望 沈航
出版发行	吉林出版集团股份有限公司
印刷	三河市同力彩印有限公司
版次	2011年7月第1版 2024年1月第8次印刷
开本	787mm×1092mm 1/16 印张 10 字数 100千
地址	吉林省长春市福祉大路5788号 邮编 130000
电话	0431-81629968
电子邮箱	11915286@qq.com
书号	ISBN 978-7-5463-5259-6
定价	45.80元

版权所有 翻印必究
如有印装质量问题，请寄本社退换

《体育运动》编委会

主　　任	宛祝平				
编　　委	支二林	方志军	王宇峰	王晓磊	冯晓杰
	田云平	兴树森	刘云发	刘延军	孙建华
	曲跃年	吴海宽	张　强	张少伟	张铁民
	李　刚	李伟亮	李志坚	杨雨龙	杨柏林
	苏晓明	邹　宁	陈　刚	岳　言	郑风家
	宫本庄	赵权忠	赵利明	赵锦锦	潘永兴

目录

防身术

第一章 运动保护
- 第一节 生理卫生 2
- 第二节 运动前准备 3
- 第三节 运动后放松 8
- 第四节 恢复养护 10

第二章 防身术概述
- 第一节 起源与发展 12
- 第二节 特点与价值 15

第三章 防身术基本技术
- 第一节 基本手形 18
- 第二节 实用格斗姿势 23
- 第三节 基本步法 25
- 第四节 基本拳法 31
- 第五节 基本肘法 35
- 第六节 基本踢法 38

第四章 防身术常用套路
- 第一节 踢裆别臂 44
- 第二节 闭门谢客 45
- 第三节 美女抱瓶 45

目录 CONTENTS

 第四节 雪花盖顶..................46
 第五节 黑虎掏心..................47
 第六节 火炮冲天..................48
 第七节 顺手牵羊..................49
 第八节 海底捞针..................50
 第九节 峰回路转..................51
第五章 实用防身术
 第一节 头发、衣领被揪防卫............54
 第二节 手指、手腕被抓握防卫...........58
 第三节 颈喉被锁掐防卫..............61
 第四节 裆部被击抓防卫..............63
 第五节 被摔击倒地防卫..............67
 第六节 被凶器攻击防卫..............73
第六章 女子防身术
 第一节 托颌顶裆..................80
 第二节 撞面顶裆..................80
 第三节 顶腹拉肘..................81
 第四节 翻指撞面..................81
 第五节 顶肋击面..................82
 第六节 屈腿蹬腹..................83

散打

第七章 散打概述
 第一节 起源与发展……………………86
 第二节 特点与价值……………………87

第八章 散打场地和装备
 第一节 场地……………………………92
 第二节 装备……………………………93

第九章 散打基本技术
 第一节 基本姿势………………………98
 第二节 基本步法………………………100
 第三节 基本拳法………………………110
 第四节 基本腿法………………………116
 第五节 基本摔法………………………123
 第六节 基本组合技法…………………130

第十章 散打基础战术
 第一节 进攻战术………………………138
 第二节 其他战术………………………139

第十一章 散打比赛规则
 第一节 程序……………………………144
 第二节 裁判……………………………147

防身术

第一章 运动保护

"生命在于运动",但是盲目、不科学的运动非但不能起到强身健体的作用,反而会给身体带来一定的伤害。只有掌握体育锻炼的一般性生理卫生知识,科学地进行体育锻炼,才能起到健身强体的作用。

第一节 生理卫生

青少年在进行体育运动时，除了应进行一般性的身体检查和必要的咨询外，还要注意培养运动兴趣和把握适当的运动强度。

一、培养运动兴趣

在进行体育运动前，必须培养自己对体育运动的兴趣。培养兴趣的方法有很多，如观看体育比赛，与同学、朋友进行体育比赛等。有了浓厚的兴趣，就能自觉地投入体育运动之中，从而达到理想的体育锻炼效果。

二、把握运动强度

因为青少年进行体育运动，主要是在享受体育运动的过程中增强体质，提高健康水平，而不仅是为了创造运动成绩，所以运动强度不宜过大。控制运动强度最简单的办法是测定运动时的脉搏。对青少年来说，运动时的脉搏控制在每分钟140次左右较为合适。

第二节 运动前准备

运动前进行充分的准备活动,对于青少年来说是非常重要的。一些青少年体育运动爱好者,常常不重视运动前的准备活动,导致各种运动损伤,影响运动效果,也容易失去对体育运动的兴趣,甚至造成对体育运动的畏惧。因此,青少年在进行体育运动前,必须做好充分的准备活动。

一、准备活动的作用

运动前做好充分的准备活动能够对肌肉、内脏器官有很大的保护作用,同时还可以提前调节运动时的心理状态。

(一)提高肌肉温度,预防运动损伤

运动前进行一定强度的准备活动,不仅可以使肌肉内的代谢过程加强,温度增高,血液黏滞性下降,提高肌肉的收缩和舒张速度,增强肌力,同时还可以增加肌肉、韧带的弹性和伸展性,减少由于肌肉剧烈收缩而造成的运动损伤。

(二)提高内脏器官的功能水平

内脏器官的功能特点之一就是生理惰性较大,即当活动开始、肌肉发挥最大功能水平时,内脏器官并不能立刻进入

最佳活动状态。

(三)调节心理状态

青少年进行体育锻炼不仅是身体活动，同时也是心理活动。研究证明，心理活动在体育锻炼中起着非常重要的作用。体育锻炼前的准备活动，可以起到心理调节的作用，即接通各运动中枢间的神经联系，使大脑皮层处于最佳兴奋状态。

二、如何进行准备活动

一般来说，准备活动主要应考虑内容、时间和运动量等问题。

(一)内容

准备活动可分为一般准备活动和专项准备活动。一般准备活动主要是一些全身性的身体练习，如跑步、踢腿、弯腰等。一般准备活动的作用在于提高整体的代谢水平和大脑皮层的兴奋状态，减少运动损伤的发生。专项准备活动是指与所从事的体育锻炼内容相适应的动作练习。

下面介绍一套一般准备活动操，供青少年运动前使用。这套活动操主要包括头部运动、肩部运动、扩胸运动、体侧运动、体转运动、髋部运动和踢腿运动等。

1. 头部运动

头部运动的动作方法（见图1-2-1）是：

两手叉腰，两脚左右开立，做头部向前、向后、向左、向右，以及绕环运动。

2. 肩部运动

肩部运动的动作方法（见图1-2-2）是：

手扶肩部，屈臂向前、向后绕环，以及直臂绕环。

3. 扩胸运动

扩胸运动的动作方法（见图1-2-3）是：

屈臂向后振动及直臂向后振动。

4. 体侧运动

体侧运动的动作方法（见图1-2-4）是：

两脚左右开立，一手叉腰，另一臂上举，并随上体向对侧振动。

5. 体转运动

体转运动的动作方法（见图1-2-5）是：

两脚左右开立，两臂体前屈，身体向左、向右有节奏地扭转。

6. 髋部运动

髋部运动的动作方法（见图1-2-6）是：

两脚左右开立，两手叉腰，髋关节放松，向左、向右各做360°旋转。

7. 踢腿运动

踢腿运动的动作方法（见图1-2-7）是：

两臂上举后振，同时一腿向后半步，然后两臂下摆后振，同时向前上方踢腿。

图 1-2-1

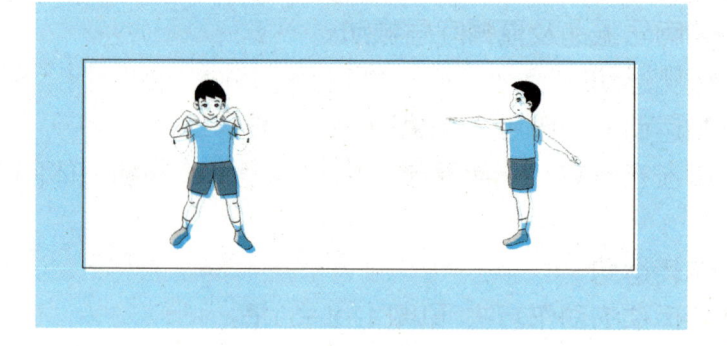

图 1-2-2

图 1-2-3

图 1-2-4

图 1-2-5

图 1-2-6

图 1-2-7

(二)时间和运动量

准备活动的时间和运动量随体育锻炼的内容和量而定,由于以健身为目的的体育运动量较小,因为准备活动的量也相对较小,时间也不宜过长,否则,还未进行体育锻炼身体就疲劳了。半小时的体育锻炼,准备活动时间一般以 10 分钟左右为宜。

第三节 运动后放松

进行剧烈的体育运动后,有些青少年习惯坐在地上,或是直接躺下来休息,认为这样可以快速消除疲劳。其实不然,这样做的结果不仅不能尽快地恢复身体功能,反而会对身体产生不良影响,正确的做法应该是运动后做一些整理活动,放松身体。

一、运动后整理活动的必要性

运动后的整理活动不但可以避免头晕等症状，还可以有效地消除疲劳。

(一)避免头晕

人体在停止运动后，如果停下来不动，或是坐下来休息，静脉血管失去了骨骼肌的节律性收缩，血液会由于受重力作用滞留在下肢静脉血管中，导致回心血量减少，心血输出量下降，造成暂时性脑缺血，出现头晕、眼前发黑等一系列症状，严重者甚至会出现休克。为了避免这些症状的发生，整理活动是非常必要的。

(二)消除疲劳

除了避免头晕等症状的发生，运动后的整理活动还可以改善血液循环状态，达到快速消除疲劳的目的。

二、放松方法

在运动后放松时，应注意以下几个问题：

(1)做一些放松跑、放松走等形式的下肢运动，促进下肢静脉血的回流，防止体育锻炼后心血输出量的过度下降；

(2)在下肢活动后进行上肢整理活动，右臂活动后做左臂的整

理活动，通过这种积极性休息，使身体功能得到尽快恢复；

（3）整理活动的量不要过大，否则整理活动又会引起新的疲劳；

（4）在进行整理活动时，应当保持心情舒畅、精神愉快。

第四节 恢复养护

人体在运动后，除采用休息和积极性体育手段加速身体功能的恢复外，还可以根据体育运动的特点，补充不同的营养物质，以尽快消除疲劳。

体育运动结束后，人体内会产生一种叫作乳酸的酸性物质，它的积累会造成肌体的疲劳，使恢复时间延长。所以，我们在体育运动后，应多补充一些碱性食物，如蔬菜、水果等，而动物性蛋白等肉类食品偏"酸"，在运动后的当天可适当减少摄入。

第二章 防身术概述

防身术是一种徒手搏击术,是中国武术攻防格斗技术的一种形式,有着悠久的历史和广泛的群众基础,是人类在与大自然的斗争过程中产生,并伴随古代军事技能的发展而逐渐形成的搏击技巧。

第一节 起源与发展

防身术是一项运用踢、打、摔、拿等武术技击方法的专门技术，以制服对方、保护自己为目的。防身术中的奇妙招法，实质上是中华武术的精华"集锦"。它把武术中各种适合实践应用的招法分离出来，经过摘编、加工、提炼、创造和完善，使其成为一种散招，并具备简单、实用、易记和易学的特点。防身术自古以来就被人们所使用，本节主要介绍防身术的起源与发展。

追根溯源，防身术在我国有着悠久的历史，在不同的历史时期得到了相应的发展。

一、起源

（一）商周时期

商周时代频繁的军事斗争促进了攻防技术的提高和发展。《诗经·小雅·巧言》记载，"无拳无勇，职为乱阶"，这说明当时社会是非常尚武的。

（二）春秋战国时期

春秋战国时期，"相搏"已较为普遍，攻防格斗技术被人们所重视。为了使武艺得以交流，每年春秋两季，天下武艺高手都云集在一起进行较量。《管子·七法》记述了当时的情景："春秋角试……

收天下之豪杰,有天下之骏雄。"角试时,"举之如飞鸟,动之如雷电,发之如风雨,莫当其前,莫害之后,独出独入,莫敢禁目"。意思是,武艺高强者在较技中动作敏捷似飞鸟,勇猛像雷电,发招像疾风骤雨,在他面前不能抵挡,在他身后也没法儿下手,单独较技时也休想把他围住。《孙子兵法》中记载:"搏刺强士体。"可见,当时提倡士兵通过练习搏斗技术来增强体质。

(三)秦汉时期

秦汉时期,防身术被称作手搏,比赛形式较为正规,武术攻防格斗技术也有了很大的发展。汉代手搏也叫"弃""卞"。四川新都出土的汉画砖及河南密县东汉墓室壁画中都有"手搏"对峙的形象。

(四)唐代

擂台竞技在唐代更加广泛,手搏、角抵备受重视,比赛几乎形成制度。唐代韦肇在《驾幸春明楼试武艺绝伦赋》中记叙了在散打比赛开始时双方"拜首稽首,足足蹈蹈",以及比赛中"左旋右抽,掇两肩于敏手,奋鬖增气,示众目以余威"的生动形象。

(五)宋代

手撂作为强身健体、活动筋骨的主要手段,在宋代民间广为流行。京城护国寺南高峰建有献台(擂台),各道郡力高者都来较

量。规定较艺中不准"揪住短儿""拽起胯儿",可以"拽直拳""使横拳""使脚剪",这说明宋代较艺者在交手中运用的主要拳法是冲拳和贯拳。

(六)元明时期

元明时期,徒手较量的技艺仍在发展。明代抗倭名将戚继光说:"拳法似无预于大战之技,然活动手足,惯勤肢体,此为初学入艺之门也。"又说:"既得艺,必试敌……"

(七)清代

清代出现了许多民间练武团体,如"社""馆"等组织。各馆之间经常比武较量,切磋武艺。所以,"打擂"在民间广为流行。诸如,节日集会,擂主在公开场合搭台,迎战前来比武者。

二、发展

新中国成立以后,防身术得到了快速的发展,在继承了已有的招式基础上,把武术中各种适合实践应用的招法分离出来,经过摘编、加工、提炼、创造和完善,使其成为一种散招,并具备简单、实用、易记和易学的特点。通过媒体的传播,防身术更加贴近了大众。

第二节 特点与价值

防身术是武术中的精华,具有简单、实用、易记和易学的特点。本节主要介绍防身术的技术特点以及它的价值。

一、特点

现代防身术以踢、打、摔、拿为精髓,其中的"打"法包含了拳、掌、指、爪、勾手、腕、臂、肘和肩等各种攻、防技术。

解脱与防卫技术动作吸取了中华武术各类拳种与流派的技击方法、攻防手段,借鉴了拳击、柔道、空手道、跆拳道和泰拳等不同的格斗技能,并与中国式摔跤、擒拿技法有机地结合起来,从而构成了"防身术"这一专门的攻防格斗技术。

现代防身术的技击之道讲究"一胆""二力""三法""四时机",凡拳法之实用,必遵此规律。

现代防身术变得更加实用简单,力求在最短时间内制服对方,保护自己。但是,学习防身术的目的在于自我保护,而不是侵犯他人,更不能用来进行犯罪活动。

二、价值

防身术不但是自卫防身的有效手段,而且对于强身健体也有很大的益处。

(一)实用价值

防身术在当今社会中具有很高的实用价值,它可以保护我们个人的人身财产不受侵犯,有效地打击犯罪分子的嚣张气焰,也有助于维护社会治安,造福于社会,得益于个人。

(二)锻炼价值

防身术练习的运动量适中,长期坚持不但能够起到强身健体的作用,还能提高身体的敏捷度,具有很高的锻炼价值。

第三章 防身术基本技术

　　防身术的基本技术是各种招式和套路的基础,只有熟练掌握基本技术,才能得心应手地运用各种招式和套路。基本技术包括基本手形、实用格斗姿势、基本步法、基本拳法、基本肘法和基本踢法等。

第一节 基本手形

防身术的基本手形是练习防身术的基础,包括拳、掌和爪等。

一、拳

拳包括长拳、螺丝拳和凤眼拳等。

(一)长拳

长拳的动作方法(见图 3-1-1)是:
四指并拢,卷握紧,拇指紧压于食指和中指第二节指骨上,拳面平整。

图 3-1-1

(二)螺丝拳

螺丝拳的动作方法(见图 3-1-2)是:
四指卷握,拇指顶扣于食指第一节指骨上,拳面呈梯形。

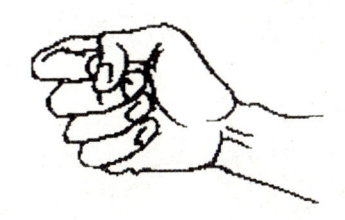

图 3-1-2

（三）凤眼拳

凤眼拳的动作方法（见图 3-1-3）是：
四指卷握，拇指顶扣于中指第一节指骨上，唯中指突出拳面。

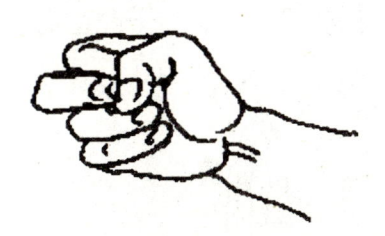

图 3-1-3

二、掌形

掌形包括直掌、立掌和瓦楞掌等。

（一）直掌

直掌的动作方法（见图 3-1-4）是：

四指伸直并拢,拇指弯曲,紧扣于虎口处。

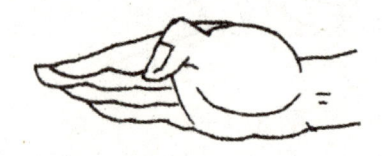

图 3-1-4

(二)立掌

立掌的动作方法(见图 3-1-5)是:

四指伸直并拢,拇指弯曲,紧扣于虎口处,沉腕,手指向上,手心向内。

图 3-1-5

(三)瓦楞掌

瓦楞掌的动作方法(见图 3-1-6)是:

四指并拢,拇指紧扣,掌心略内凹呈瓦形。

图 3-1-6

三、爪形

爪形包括虎爪、龙爪和鹰爪等。

(一)虎爪

虎爪的动作方法(见图 3-1-7)是:

五指第一节张开,第二、三节指骨弯曲,第一节指骨尽量向手背的一面伸张,使掌心凸出。

图 3-1-7

(二)龙爪

龙爪的动作方法(见图3-1-8)是：
五指略张开，第二、三节指骨略弯曲，腕关节略向上屈。

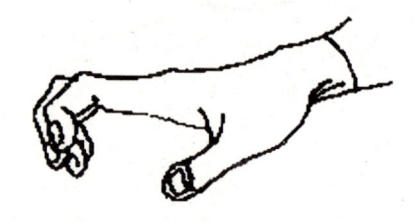

图 3-1-8

(三)鹰爪

鹰爪的动作方法(见图3-1-9)是：
除拇指外展弯曲外，其余四指并紧，使第二、三节指骨弯曲，但不得屈拢。

图 3-1-9

第二节 实用格斗姿势

实用格斗姿势是指双方在交手前的一种既能攻又能防的攻防兼备的准备姿势，即交手前的预备势。它的特点是可以使身体始终处于强有力的状态；无论进攻、防御，都不需要事先做任何调整动作；既轻松自如，又能保持平衡；既能使全身放松，又可在一瞬间作出反应；步法灵活，进攻自如；能给对方造成错觉或假象，以便隐藏自己进攻的意图。总之，正确的格斗姿势是进攻防守技术的基础，每个练武爱好者都必须掌握好其动作要领。但必须记住，在交手中应始终保持这一姿势，即使使用了招法，也应迅速恢复到格斗姿势。格斗姿势的架势有正架、反架两种。正架指左脚、左拳在前，右脚、右拳在后的格斗姿势；反架则指右脚、右拳在前，左脚、左拳在后的格斗姿势。通常采用正架的格斗姿势（见图 3-2-1），包括头部姿势、两臂姿势、身体姿势和脚位等。

图 3-2-1

一、头部姿势

头部姿势的动作方法是：
（1）头略低，竖颈梗脖，下巴略收，牙齿咬紧，嘴唇闭合，缩小咽喉的暴露面；
（2）眼注视对方面部、胸部，并扫视对方全身。

二、两臂姿势

两臂姿势的动作方法是：
（1）两手握拳，拳眼均朝斜上，左拳在前，右拳在后，屈举于体前；
（2）左臂弯曲，肘关节夹角在 90°～110°，左拳与鼻同高；
（3）右臂弯曲，肘关节夹角小于 90°，大小臂紧贴右侧肋部；
（4）右拳置于左胸前，略高于下颌部；
（5）左拳正对对方。

三、身体姿势

身体姿势的动作方法是：
（1）身体应保持约 45°侧对对方，身体重心一般在两腿间，也可根据对抗需要变换重心，偏于前腿或偏于后腿；
（2）胸部略含，腹部略收，上体略前倾，颈、肩、躯干部要自然放松。

四、脚位

脚位的动作方法是：

（1）两脚前后站立，左脚在前，脚尖略向里扣，右脚在后，脚尖略外展，右脚跟虚离地面；

（2）两脚之间的距离略宽于肩，两腿膝关节略屈，身体重心落于两腿间。

第三节 基本步法

步法在对抗中起到配合各种打法、踢法、摔法的作用，是进攻、防守、反攻对方的有效方法，是寻找最适合自己距离，调节实战位置和角度进攻对方，使自己处于最佳位置，或有利于破坏对方进攻与防守技术的实施而进行脚步移动的方法。基本步法包括直线形步法和斜线形步法。

一、直线形步法

直线形步法常在进攻、撤退防守时使用，特点是距离短，容易接近对方，包括上步、退步、左右滑步、垫步和跃步等。

（一）上步

上步的动作方法（见图3-3-1）是：

格斗姿势开始,后脚向前方迈出一步变为前脚,同时左、右拳前后交换呈反架姿势。

图 3-3-1

(二)退步

退步的动作方法(见图 3-3-2)是:

格斗姿势开始,前脚向后方撤出一步,右脚在前、左脚在后,左脚跟离地,重心偏于右腿。

图 3-3-2

(三)左右滑步

左右滑步包括左滑步和右滑步等。
1.左滑步
左滑步的动作方法(见图 3-3-3)是:

格斗姿势开始,右脚蹬地,左脚向左平移,右脚随即向左移。

2.右滑步

右滑步的动作方法(见图3-3-4)是:

格斗姿势开始,左脚蹬地,右脚向右平移,左脚随即向右移。

图 3-3-3

图 3-3-4

(四)垫步

垫步的动作方法(见图3-3-5)是:

格斗姿势开始,右脚蹬地,向左脚内侧落地,同时左腿屈膝提起,落地后呈正架格斗姿势。

图 3-3-5

(五)跃步

跃步的动作方法(见图 3-3-6)是:

格斗姿势开始,右脚蹬地后向前跨一步,随即左脚再向前一步。

图 3-3-6

二、斜线形步法

斜线形步法常在对方调整距离,可以突然发起进攻或突然避闪,使对方攻防落空的情况时使用,动作特点是动作幅度大,战术意识隐蔽,包括盖步、插步和斜进步等。

(一)盖步

盖步的动作方法(见图3-3-7)是:

格斗姿势开始,重心移至右脚,同时左脚经右脚前盖步,左脚尖外展,右脚跟离地,两膝略屈呈交叉状,重心偏于左腿,呈正架格斗姿势。

图 3-3-7

(二)插步

插步的动作方法(见图3-3-8)是:

格斗姿势开始,重心移至右脚,同时左脚向右脚后落步,脚跟离地,两腿呈交叉状,随即右脚向后退步,仍呈格斗姿势。

图 3-3-8

(三)斜进步

斜进步包括左斜进步和右斜进步等。

1. 左斜进步

左斜进步的动作方法(见图 3-3-9)是：

格斗姿势开始，右脚蹬地，左脚向左斜前方进一步，右脚随即进步并落于左脚后，身体重心随之移至两脚间。

2. 右斜进步

右斜进步的动作方法(见图 3-3-10)是：

格斗姿势开始，左脚蹬地，右脚向右斜前方进步，左脚随即进步并落于右脚后，身体重心移至两脚之间，呈反架姿势。

图 3-3-9

图 3-3-10

第四节 基本拳法

拳法是攻防技术中的进攻方法，常用于击打对方的头部和躯干。拳在臂的屈伸、抡摆等变化中组成各种进攻拳法，拳法分单拳连打、双拳连打，包括击打部位和拳法等。

一、击打部位

击打部位包括正面、侧面和背面等。

（一）正面

正面包括头部、胸部和腹裆部等。
1. 头部：眉中、人中、下颌、喉部。
2. 胸部：锁骨、胸骨、胃部。
3. 腹裆部：左脾脏区、右肝部区、膀胱区、腹股沟、裆部。

（二）侧面

侧面包括头部和身躯等。
1. 头部：太阳穴、耳门穴、颊车穴、颈动脉。
2. 身躯：肩部三角肌、肘部、腰部、环跳穴。

（三）背面

背面包括头部和躯干等。

1. 头部：后脑、颈部。
2. 躯干：肩胛、脊柱、腰肾、尾椎。

二、拳法

拳法包括冲拳、贯拳、抄拳、弹拳、鞭拳和盖拳等。

（一）冲拳（见图 3-4-1）

冲拳是向前方直线打击的拳法，常用于攻击对方的头部或胸部，分为左冲拳和右冲拳两种。

图 3-4-1

（二）贯拳（见图 3-4-2）

贯拳是由外向内横击的拳法，常用于攻击对方的头部和肋部，有较大的威力，与步法配合应用较多，分左贯拳和右贯拳两种。

图 3-4-2

(三)抄拳（见图 3-4-3）

抄拳是由下向上击打的拳法，常用于近身反击，特点是击打动作幅度较小，速度快，隐蔽，多采用组合拳法进攻，用以攻击对方的下颌部和胸腹部。

图 3-4-3

(四)弹拳（见图 3-4-4）

弹拳是伸肘弹腕、由拳背向前击打的方法，常用于扰乱对方的视线，分散其注意力，为自己创造进攻的机会，特点是幅度小，速度快，较隐蔽，往往可以出其不意地击中对方。弹拳以击打对方头部为主，分左弹拳和右弹拳两种。

图 3-4-4

（五）鞭拳（见图 3-4-5）

鞭拳是用拳背或小臂横击鞭打的方法，常用于攻击对方的头部，特点是转身攻击突发性强，较为隐蔽，容易击中对方。

图 3-4-5

（六）盖拳（见图 3-4-6）

盖拳是由上向下攻击的拳法，常用于击打对方的头部或背部，特点是小巧而快速，攻击力强，有一定的威胁性，多在对方处于被动情况下使用，在对方比自己个子矮时较为有效。

图 3-4-6

第五节 基本肘法

  肘是人体上肢的中节,多在屈臂的状态下进行各种打法。在格斗中,肘不仅起着承上启下、贯通劲力的作用,而且还担当近身攻击对方的任务。肘的顶部质硬而形尖,大臂粗壮有力,是肘部的支持和传力部分。所以,肘的攻击力强,打击强度大。另外,由于肘部运动与肩关节和肘关节相关,使得肘的活动灵活自如。肘法巧妙多变,攻击方向几乎不受限制,可以自上而下,自下而上,自左而右,自右而左,自前而后,令人难以提防。肘的攻击部位有头部、前胸、后背、腹部和两肋等。肘的运动路线短,可在一瞬间完成击打动作,平稳而隐蔽,预兆性小,进攻性较强。有时在拳、脚的掩护下,突然出肘一击,使对方猝不及防。在近身格斗中,当拳、脚威力受到制约时,有效地运用肘法来战胜对方是完全必要的。

一、肘形

  肘形包括顶肘、沉肘、架肘和滚肘等。

(一)顶肘

顶肘的动作方法(见图 3-5-1)是:
大臂和小臂平屈折叠握拳,肘尖前顶或侧顶。

图 3-5-1

(二)沉肘

沉肘的动作方法(见图 3-5-2)是:
大臂和小臂竖折叠,拳面朝下,肘尖由上朝下用力,力达肘尖。

图 3-5-2

（三）架肘

架肘的动作方法（见图 3-5-3）是：
小臂与大臂折叠向头前上方横架，力达小臂。

图 3-5-3

（四）滚肘

滚肘的动作方法（见图 3-5-4）是：
大臂与小臂竖折叠，肘尖朝下，由内朝外、朝后滚动格挡，力达小臂。

图 3-5-4

二、肘法

肘法包括架肘、砸肘、顶肘和滚肘等。

（一）架肘

架肘的动作方法是：

臂略屈，从下向上横肘架挡，力达前臂。

（二）砸肘

砸肘的动作方法是：

屈臂，肘尖从上向下猛击，力达肘尖。

（三）顶肘

顶肘的动作方法是：

屈臂平折，从内向外突然横击，力达肘尖。

（四）滚肘

滚肘的动作方法是：

屈臂竖肘，由同侧向前、向外、向后滚动格挡，力达前臂。

第六节 基本踢法

踢法是指腿的各种踢击方法，常在踢击对方躯干、头部、裆部和下肢时使用。踢法在实战中使用较多，成功率较高。腿较手长，可发挥"一寸长一寸强"的作用。腿的攻击面大，从下到上均可使用，而且隐蔽，容易得手。基本踢法包括屈伸式踢法和扫转式腿法等。

一、屈伸式踢法

屈伸式踢法包括蹬腿、侧踹腿、横踢腿和侧弹腿等。

(一)蹬腿(见图 3-6-1)

蹬腿是一种屈伸性腿法,常用于中距离正面进攻,攻击对方的胸、腹、髋和大腿等部位,特点是攻击力强,既可攻击对方,亦可堵截对方的正面进攻。

图 3-6-1

(二)侧踹腿(见图 3-6-2)

侧踹腿是常用于远距离侧身进攻的屈伸性腿法,用以攻击对方的头部、腹部、腿部,是实战中使用较多的腿法,特点是容易调整步法,可在不同距离使用,攻击力强,攻击路线长,攻击面大,不易防守。

图 3-6-2

(三)横踢腿(见图 3-6-3)

横踢腿是侧向弧形攻击的直摆性腿法,常用于攻击对方上部、中部,特点是速度快,力量大,幅度大,打击面大,使对方难以防守,适于中距离发动突击,成功率较高,分为左横踢腿和右横踢腿。

图 3-6-3

(四)侧弹腿(见图 3-6-4)

侧弹腿是侧身进攻的屈伸性腿法,常用于攻击对方的上、中、下三盘,是实战中运用较多的一种腿法,特点是动作快速,易于变化,攻击面大,较为隐蔽,适于中距离发动突击,成功率较高。

图 3-6-4

二、扫转式腿法

扫转式腿法常用于攻击对方的下盘,使其倒地,特点是技术性较高,隐蔽,但攻击后不易防守。使用后扫腿进攻,时机的选择很重要,实战中应突然下蹲扫腿,使对方产生瞬间的迟疑,这样容易将对方扫倒。扫转式腿法包括前扫腿和后扫腿等。

(一)前扫腿

前扫腿的动作方法(见图3-6-5)是:

(1)格斗姿势开始,右脚蹬地,重心移至左脚,屈膝全蹲,右膝伸直,脚尖内扣,全掌着地;

(2)随即上体左转,以左脚前掌为轴,两手在体前扶地,右腿向前、向左弧形擦地,直腿前扫,脚掌内扣并绷紧,力达踝关节内至小腿下端前面。

图 3-6-5

(二)后扫腿

后扫腿的动作方法(见图 3-6-6)是:

(1)格斗姿势开始,右腿蹬地,身体重心移至左脚,左腿屈膝全蹲,脚前掌为轴;

(2)两手扶地向后方转体一周,展髋,带动右腿向左后方弧线擦地,直腿后扫,脚掌内扣并绷紧,力达脚后跟至小腿下端背面。

图 3-6-6

第四章 防身术常用套路

在介绍完防身术的基本功后，本章就现实生活中可能出现的受侵犯情况，分类向青少年介绍防身术的几种常用套路，包括踢裆别臂、闭门谢客、美女抱瓶、雪花盖顶、黑虎掏心、火炮冲天、顺手牵羊、海底捞针和峰回路转等。

第一节 踢裆别臂

踢裆别臂的动作方法(见图 4-1-1)是:

(1)对方用右拳直打胸部,应向后、向右侧滑步,左掌抓搂住对方右手腕,用力向下牵带;

(2)顺势重心前移至左脚,以右脚踢对方裆部;

(3)待对方收腹躲闪右腿时,应右脚向前落步,同时右拳直打对方面部;

(4)并顺势收拳顺对方右臂下,向上扛抬对方右臂,使其屈肘反卷;

(5)接着左手用力拧腕上抬,右手扣抓对方右肩,再两手用力上抬,使对方右臂反卷贴于背上;

(6)拱身低头,顺势抽出右手变拳,猛击对方后脑。

图 4-1-1

第二节 闭门谢客

闭门谢客的动作方法(见图4-2-1)是：

(1)双方对峙,对方左、右手分别抓握双手腕时,双手从下向上、向外,顺对方大拇指方向旋臂屈肘,内收,上举,从而摆脱对方双掌;

(2)再迅速从上向前下方猛劈对方左、右锁骨,力达掌缘;

(3)并顺势左手抓紧对方右肘,向内牵带,同时,左腿狠踹对方腰胯。

图4-2-1

第三节 美女抱瓶

美女抱瓶的动作方法(见图4-3-1)是：

（1）对方右拳直打腹部，应右脚向右斜后方退半步，同时左手从上向下、向右推托其右肘部向后牵带；

（2）顺势左脚向前半步，右拳从后向前直打对方面部；

（3）右拳变横掌上举至与头平，再从上向下狠砍对方后颈；

（4）同时左手猛力向前推托对方肘臂，使之身体左转；

（5）上右脚贴身，右臂屈肘缠锁对方脖子，左手变掌抓按其后脑，前压。

图 4－3－1

第四节 雪花盖顶

雪花盖顶的动作方法（见图 4－4－1）是：

（1）对方左脚上半步，右拳直打脑部，应右手抓握其右臂，向左后方挂带；

（2）对方左拳向头部击来，应用左手抓住其手腕不放；

（3）同时身体略左转，右掌从后向上、向前反手臂击打对方眼鼻部；

（4）对方左拳再向头部横击，应身体略右转，顺势右掌从前向后、向右侧后方用掌背挂挡；

（5）同时左手沿对方前臂向右后勾挂，再顺势猛击其头面部。

图 4-4-1

第五节 黑虎掏心

黑虎掏心的动作方法（见图 4-5-1）是：

（1）对方右拳直打胃部，应右手托肘向上，从下经前向上、向内托肘后拉，顺势左手从下向上托其上臂，向右侧牵带，同时身体向右侧转动，右手变拳；

（2）再上右脚，右拳从后向前直击对方胃部，并再次向后摆动；

(3)待左手向右侧猛推对方右臂时,右拳再从后向前直打其眼鼻;

(4)并顺势用左腿猛踹对方裆部。

图 4-5-1

第六节 火炮冲天

火炮冲天的动作方法(见图 4-6-1)是:

(1)双方对峙站立,对方左拳直打腹部;

(2)应左脚向右前方绕上半步,同时左手搂抓对方左手腕向内扭拧回带;

(3)右手呈拳猛砸对方左臂,随即随势右拳向前上方直击其下颌。

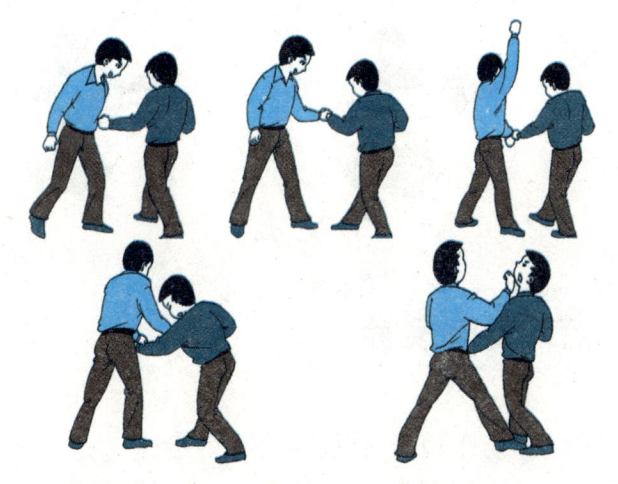

图 4-6-1

第七节 顺手牵羊

顺手牵羊的动作方法（见图 4-7-1）是：

（1）双方对峙，对方右拳猛力直打腹部，两脚略向左侧移步的同时身体略右转，其两手顺势抓住其右臂向右侧突然用力猛拉；

（2）右腿顺势勾绊对方双腿，使之身体前倾，左手由爪变掌，借势向右推其背部，右手呈掌横砍其后脑。

图 4-7-1

第八节 海底捞针

海底捞针的动作方法（见图 4-8-1）是：

（1）双方对峙，对方左拳直打腹部，应身体向右侧转，同时两拳变掌右上、左下抓住对方手臂，向右侧猛力后拉；

（2）对方顺势上步，用右掌砍颈部；

（3）应拱身向左侧低头闪躲，顺势左手抱拉对方右腿；

（4）以肩部顶靠对方胯部，右手直插其左腿窝；

（5）向左、向前拧身，同时右手摸膝别臂，使对方后倒。

图 4-8-1

第九节 峰回路转

峰回路转的动作方法(见图 4-9-1)是：

（1）对方右拳直打面部，应两脚向右侧略移动，同时左手从下向上、向外搂手，身体顺势左转，两手变拳，屈肘向左滚动格挡；

（2）对方左拳横打后脑，应身体突然向右转动，双臂竖肘，向右侧滚动格挡；

（3）顺势以右拳变掌抓握对方右臂，向右侧牵带，左肘从上向左猛撞对方胸部；

（4）再反臂狠砸对方头部。

图 4-9-1

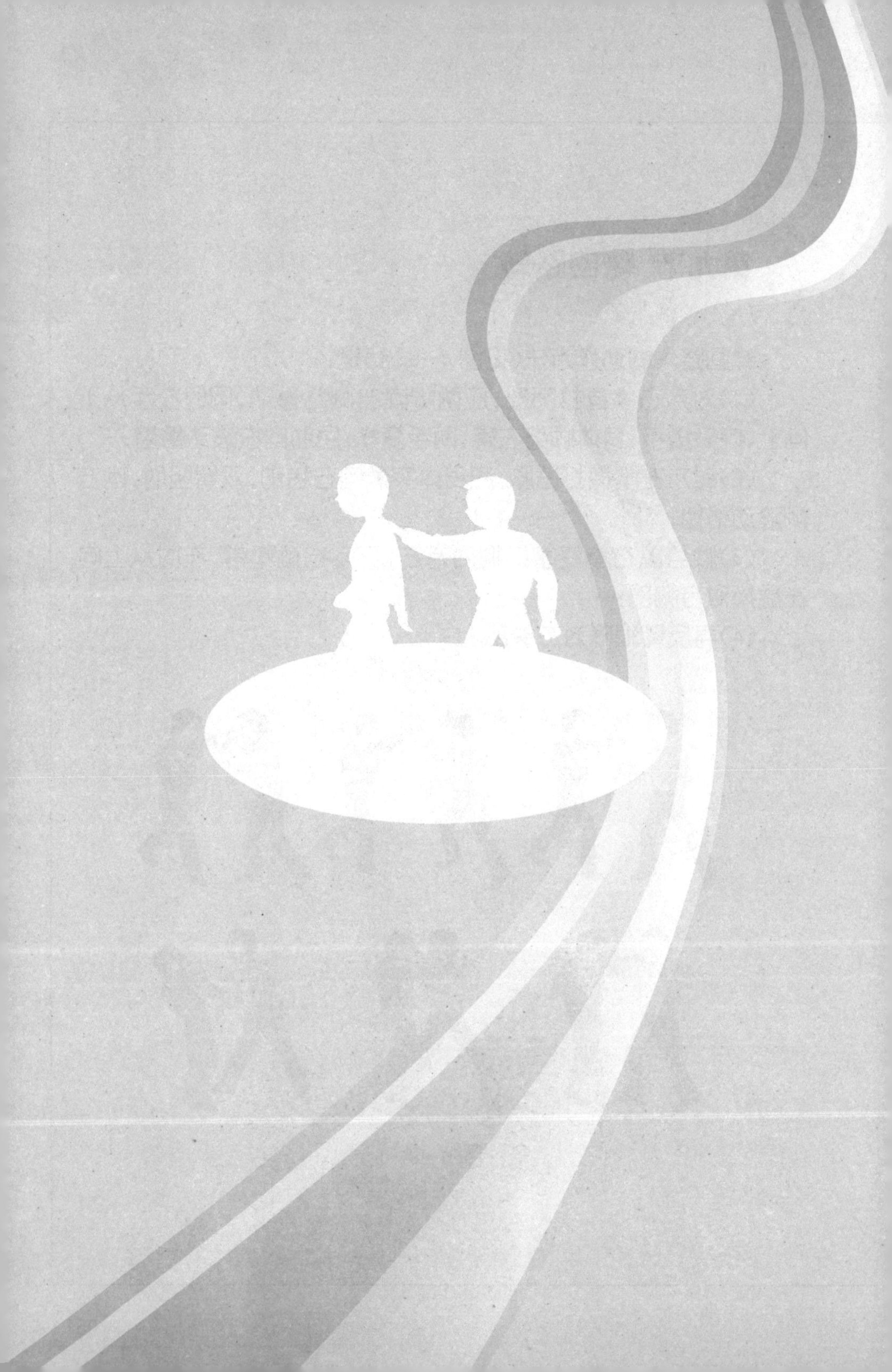

第五章 实用防身术

实用防身术经常用于日常防卫，招式简单、实用，关键时刻能够借此制伏不法分子，脱离险境，包括头发、衣领被揪防卫，手指、手腕被抓握防卫，颈喉被锁掐防卫，裆部被击抓防卫，被摔击倒地防卫和被凶器攻击防卫等。

第一节 头发、衣领被揪防卫

在受到侵犯时,头发、衣领往往会被暴徒揪抓住。虽然暴徒没有立刻用拳脚进攻,但其揪抓头发、衣领等动作,足以说明是在挑衅,并欲进攻。在这种情况下,自己的人身利益已经受到了侵害。由于与暴徒站立位置不同,以及其欲攻击的动机、抓揪位置、方法也不同,因此在使用防卫招法时,采取的方法也不一样。头发、衣领被揪防卫包括撤步拉腕、扣腕砍颈、扣手托肘、圈臂顶头、持肘击腹、转身击肋和扣手压臂等。

一、撤步拉腕

撤步拉腕常在暴徒在正前方,并向前上一步,右臂上举,右手由上向下抓住受侵犯者的头发时使用,动作方法(见图5-1-1)是:

(1)双臂立即屈肘上抬,双手由上向下扣握住暴徒右手腕;
(2)迅速后撤右脚,双手反卷暴徒右手腕,并前拉其腕。

图 5-1-1

二、扣腕砍颈

扣腕砍颈常在暴徒在正前方,并向前上右步,右臂上举,右手由上向下抓住受侵犯者的头发时使用,动作方法(见图 5-1-2)是:
(1)左臂屈肘上抬,左手扣握住暴徒右手腕,同时右臂屈抬;
(2)右手呈掌,掌心向上,用掌外沿猛砍暴徒左侧颈部。

图 5-1-2

三、扣手托肘

扣手托肘常在暴徒在正前方,上右步,右臂上举,右手由上向下抓住受侵犯者的头发时使用,动作方法(见图 5-1-3)是:
(1)左手立即扣握住暴徒右手背,同时左脚向其右侧上左步;
(2)右手呈掌,迅速由下向上托暴徒右肘关节,同时向下低头,右手抓其肘关节回拉上托。

图 5-1-3

四、圈臂顶头

圈臂顶头常在暴徒在背后用右手抓住受侵犯者颈后衣领时使用,动作方法(见图 5-1-4)是:

(1)立即向后撤左步,左转身,右手扣握暴徒右手腕;

(2)左小臂由暴徒右臂上穿过,用左小臂下压其右肘关节;

(3)屈抬右腿,用右膝上顶暴徒头(面)部。

图 5-1-4

五、持肘击腹

持肘击腹常在暴徒在背后用右手抓住受侵犯者颈后衣领时使用,动作方法(见图 5-1-5)是:

(1)立即向后撤左步,左转身,左臂屈肘上举;

(2)左臂由暴徒右臂上穿过,左小臂由其臂下穿过,挎(别)暴徒右臂肘关节;

(3)右手握拳,用下勾拳击暴徒腹部。

图 5-1-5

六、转身击肋

转身击肋常在暴徒在背后用右手抓住受侵犯者颈后衣领时使用,动作方法(见图 5-1-6)是:

(1)立即向后撤右步,右转身;

(2)同时右手握拳,猛击暴徒右侧肋部。

图 5-1-6

七、扣手压臂

扣手压臂常在暴徒在左侧，上右步，用右手抓住受侵犯者左肩上衣领时使用，动作方法（见图5-1-7）是：

（1）立即向左后横跨一步，右臂屈肘，右手扣握住暴徒抓衣领的右手手背；

（2）左臂屈肘上举，由暴徒右臂上穿过，用左大臂下压其右小臂。

图 5-1-7

第二节 手指、手腕被抓握防卫

手指关节能握拢、伸直，易于前屈，但活动范围较小，当受到外力的折、扳及向两侧扭拧时，很容易造成脱臼、骨折。当自己受到暴徒袭击，被其握住手指时，应乘其不备，突然向其折、扳的相反方向推其手腕，并抽出被其控制的手指。腕关节结构比较复杂，由8块小骨组成，靠韧带连接和固定，活动范围较大，可做屈伸、外展、环绕三种活动，如用力拧、折、推，超过它本身的活动极限，就会造成骨折、脱臼和韧带撕裂。当暴徒折、卷、拧受侵犯者的手腕时，可根据其用力方向,顺势解脱,而后作出相应的防卫招法,将其制服。手指、手腕被抓握防卫包括握手扣腕、托腕抽指、翻肘盖头和屈臂顶肋等。

一、握手扣腕

握手扣腕常在暴徒右手握住受侵犯者右手时使用,动作方法(见图 5-2-1)是:

(1)左手呈掌,迅速抓握住暴徒右手腕;

(2)左手抓握暴徒右手腕后用力上拉,同时右手握其手向下折暴徒右手腕。

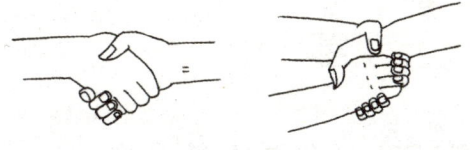

图 5-2-1

二、托腕抽指

托腕抽指常在暴徒将受侵犯者的食指、中指同时握住时使用,动作方法(见图 5-2-2)是:

(1)左手由下向上抓握住暴徒右手腕;

(2)抓住手腕后用力向上托暴徒右手腕,同时食指、中指向下抽出。

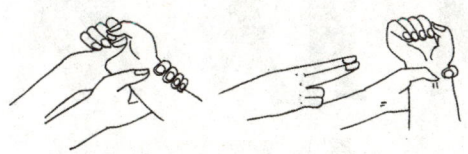

图 5-2-2

三、翻肘盖头

翻肘盖头常在暴徒在正前方,用右手抓住受侵犯者右手翻拧时使用,动作方法(见图 5-2-3)是:

(1)左手由外向里握住暴徒右小臂,同时右肘向上屈肘;
(2)屈翻肘后,用肘前下盖(顶)暴徒头部。

图 5-2-3

四、屈臂顶肋

屈臂顶肋常在暴徒在背后,用左手抓握住受侵犯者左手腕时使用,动作方法(见图 5-2-4)是:

(1)左臂突然前伸,解脱被暴徒控制的左手腕;
(2)左臂屈肘,左后转体,用左肘猛顶暴徒左侧肋部或腹部。

图 5-2-4

第三节 颈喉被锁掐防卫

喉是人的呼吸要道,包括气管和食道,两侧附有颈动脉血管,如果用力卡、捏、绞、锁,不仅人不能呼吸,还会造成血液不流通,大脑得不到供血,就会头昏、眩晕、窒息,直至死亡。在实际的格斗或防卫中,动作变幻莫测,搂抱、缠绕、绞捏、卡扼和锁闭等动作经常出现。颈喉被锁掐防卫包括扣手格肘、扒颈顶裆、抓肩顶腹和抓腕绞肘等。

一、扣手格肘

扣手格肘常在暴徒在正前方,向前上左步,左手呈八字掌,掐受侵犯者咽喉时使用,动作方法(见图5-3-1)是:

(1)右脚向右侧上步,左臂屈肘,左手扣握住暴徒左手手背;

(2)身体向左转,右臂上屈抬,右小臂由外格挡暴徒左臂肘关节。

图 5-3-1

二、扒颈顶裆

扒颈顶裆常在暴徒在正前方,上左步,双臂平抬、前伸,用双手

招受侵犯者颈喉部时使用,动作方法(见图5-3-2)是:

(1)立即向后撤右步,双臂上屈抬,双小臂由里向外格挡暴徒左、右小臂;

(2)双手呈掌,左、右掌同时砍暴徒颈部;

(3)双手砍颈后握暴徒后颈部,用力回拉(扒),同时屈抬右腿,用右膝顶其裆部。

图 5-3-2

三、抓肩顶腹

抓肩顶腹常在暴徒在右侧,上左步,用双手招受侵犯者喉(颈)部时使用,动作方法(见图5-3-3)是:

(1)左脚向前上步,右转体,左臂屈肘,用左小臂由里向外格挡暴徒右小臂;

(2)左手迅速抓住暴徒右肩上衣,同时屈抬左腿,用膝外侧上顶其腹(右肋)。

图 5-3-3

四、抓腕绞肘

抓腕绞肘常在暴徒在右侧,上左步,用双手掐受侵犯者喉颈部时使用,动作方法(见图 5-3-4)是:

(1)向前上左步,右手由里侧抓准暴徒手腕;

(2)身体右转,左手抓握住暴徒左手腕;

(3)左手向左侧拉暴徒左手腕,右手向右侧拉其右手腕,使暴徒双肘相交,呈十字后相绞。

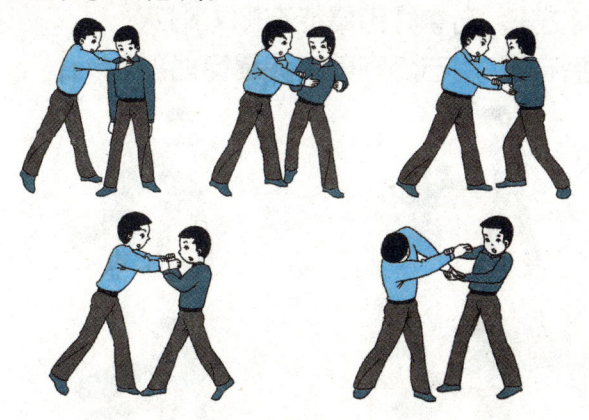

图 5-3-4

第四节 裆部被击抓防卫

裆部主要指男性的生殖器官,此部位神经密集、脆弱敏感。尤其是睾丸被击、抓后会使人剧痛、昏迷甚至死亡。在与暴徒格斗中,如被其抓击裆部,要看清暴徒所使用的攻击方法,先采取躲闪、堵截方法,而后再击其要害,拿其关节。裆部被击抓防卫包括击头踢

裆、摆头顶裆、压腕拉肘、拉腕击头、撅腕戳喉和压肘端膝等。

一、击头踢裆

击头踢裆常在暴徒在正前方,单膝跪地,左腿下蹲,用右拳击受侵犯者裆部时使用,动作方法(见图5-4-1)是:

(1)向右侧上左步,右闪身,左臂下伸,左小臂由外格挡暴徒右小臂;

(2)身体左转,右拳猛击暴徒右侧太阳穴;

(3)屈抬右腿,用右脚向前弹踢暴徒裆部。

图 5-4-1

二、摆头顶裆

摆头顶裆常在暴徒在正前方,上左步,用右拳下勾受侵犯者裆部时使用,动作方法(见图5-4-2)是:

(1)立即屈抬左腿,用左膝或左小腿格挡暴徒右拳;

（2）右臂屈肘平抬，用右肘横摆击打暴徒左侧太阳穴；
（3）右手由暴徒右肩上穿过，反手拉其后颈，同时屈抬右腿，用右膝顶暴徒裆部。

图 5-4-2

三、压腕拉肘

压腕拉肘常在暴徒在正前方，向前上右步，右手由下抓受侵犯者裆部时使用，动作方法（见图 5-4-3）是：
（1）双腿屈膝略下蹲，左手抓握住暴徒右手腕；
（2）右手由暴徒右臂下穿过，抓握其右肘关节；
（3）左手下压暴徒右手腕，右手回拉其右臂肘关节。

图 5-4-3

四、拉腕击头

拉腕击头常在暴徒向前上左步，右臂下伸，用右手抓击受侵犯者裆部时使用，动作方法（见图 5-4-4）是：

(1)立即向后撤右步,右手由下向上抓握暴徒右手腕;
(2)右手回拉暴徒右手腕,左手握拳猛击暴徒右侧太阳穴。

图 5-4-4

五、撅腕戳喉

撅腕戳喉常在暴徒上左步,左小臂上架受侵犯者右小臂,其右臂下伸,用右手抓击受侵犯者裆部时使用,动作方法(见图 5-4-5)是:

(1)立即向后撤右步,左手由下顺势抓握暴徒右手腕;
(2)右手呈立掌,用掌推击暴徒右手手臂;
(3)用右手指尖前戳暴徒喉部。

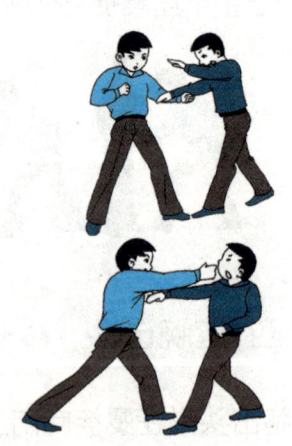

图 5-4-5

六、压肘踹膝

压肘踹膝常在暴徒背向受侵犯者站立，左臂下伸，用左手向后抓击受侵犯者裆部时使用，动作方法（见图 5-4-6）是：

（1）立即向后撤右步，右手由上向下抓握住暴徒左手腕；
（2）左臂上举，左手呈掌，下拍压暴徒左臂肘关节；
（3）起右腿前踹（踏）暴徒左膝窝。

图 5-4-6

第五节 被摔击倒地防卫

在格斗中，不仅需要以站立的姿势与暴徒对垒，而且被暴徒击打摔倒的情况也经常出现，这时容易使自己处于被动之中。如何才能变被动为主动呢？要保持头脑清醒，根据暴徒使用的攻击方法，采取相应的防卫招法，切不可盲目出招。被摔击倒地防卫包括勾腿蹬腹、翻身剪腰、拉腕踹肋、拉腕蹬膝、勾踝踹膝、上架剪腿、拉臂团身和转体摆肋等。

一、勾腿蹬腹

勾腿蹬腹常在暴徒在背后，双手抓握受侵犯者右腿踝关节时使用，动作方法（见图5-5-1）是：

(1) 被暴徒向前摔倒时，双臂屈肘，自护向前倒地；
(2) 身体右转，左小臂撑地，右脚勾住暴徒左小腿；
(3) 屈右腿回拉，解脱暴徒对右脚的控制，随后用脚侧踹其腹部。

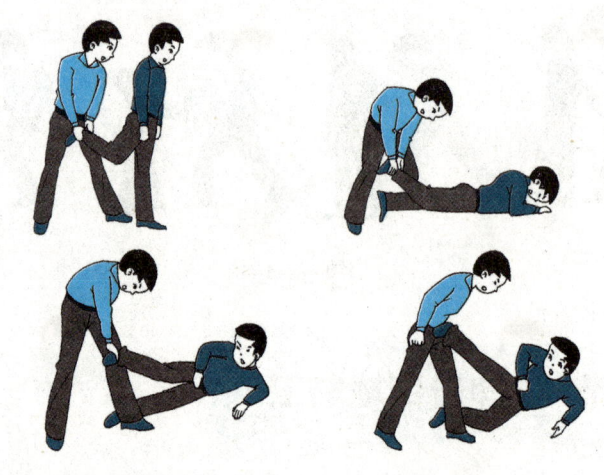

图 5-5-1

二、翻身剪腰

翻身剪腰常在暴徒在背后，其左手拉握住受侵犯者右小腿，右手抓住受侵犯者右膝关节，欲将受侵犯者摔倒时使用，动作方法（见图5-5-2）是：

(1) 双臂屈肘，自护向前倒地；

（2）左臂在暴徒双脚外侧伸直，身体右上翻（转），左小臂撑地；
（3）右腿在暴徒腹前伸直，用双腿之合力剪暴徒的腿（腹），同时身体向右侧转动。

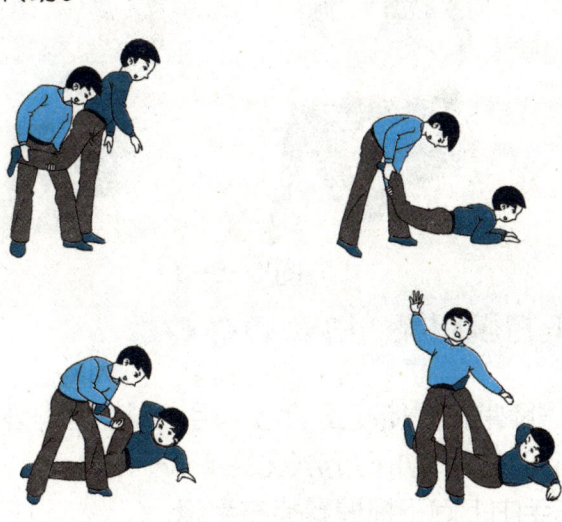

图 5-5-2

三、拉腕踹肋

拉腕踹肋常在暴徒在正前方，并采用前弓步、弯腰、下蹲姿势，用左手抓住受侵犯者踝关节，右小臂格压受侵犯者左膝关节里侧时使用，动作方法（见图 5-5-3）是：
（1）借助暴徒摔压的力量用左小臂撑地，向左侧倒地；
（2）右手回拉暴徒右手腕，同时右脚收回；
（3）右手回拉暴徒右手腕，同时右脚侧踹其右肋部。

图 5-5-3

四、拉腕蹬膝

拉腕蹬膝常在暴徒在正前方,用左脚由里向外勾住受侵犯者左腿踝关节时使用,动作方法(见图 5-5-4)是:

(1)左手由上向下抓握暴徒左手腕;

(2)右小臂屈肘,向右后侧自护倒地,同时左脚由里勾住暴徒左脚踝关节,右腿回收;

(3)左手回拉暴徒左手腕,同时右脚蹬其左腿膝关节。

图 5-5-4

五、勾踝踹膝

勾踝踹膝常在暴徒将受侵犯者摔倒,向前上步,欲向受侵犯者攻击时使用,动作方法(见图 5-5-5)是:

(1)左小臂撑地,身体右转、上翻,右臂屈肘、上架;

(2)左脚由暴徒左脚外侧勾住其左脚踝关节,同时屈右腹回收;

(3)右脚侧踹暴徒左膝关节。

图 5-5-5

六、上架剪腿

上架剪腿常在暴徒在背后,将受侵犯者摔倒在地时使用,动作方法(见图 5-5-6)是:

(1)立即用左小臂撑地,身体右侧转,右臂屈肘,上架自护;

(2)左腿在暴徒双腿后伸直;

(3)右腿在暴徒双腿前伸直,用双腿之合力将暴徒剪倒。

图 5-5-6

七、拉臂团身

拉臂团身常在暴徒将受侵犯者摔倒,并骑在俯卧于地面的受侵犯者腰上,左小臂由后锁住受侵犯者喉部时使用,动作方法(见图 5-5-7)是:

(1)双肘撑地,双手抓握暴徒左小臂下拉;
(2)屈双腿,双小腿撑地;
(3)双手下拉暴徒左小臂,同时团身、前滚。

图 5-5-7

八、转体摆肋

转体摆肋常在被暴徒摔倒在地,并且暴徒骑坐在俯卧于地面

的受侵犯者腰上,欲向受侵犯者攻击时使用,动作方法(见图5-5-8)是:

(1)右小臂撑地,左小臂由暴徒左小腿上穿过,抱住其左小腿;

(2)右腿屈膝,重心左移,左小臂撑地,右臂上屈抬;

(3)身体向右转(上翻身),同时右脚蹬地,右小臂向右后摆击暴徒右肋部。

图 5-5-8

第六节 被凶器攻击防卫

对凶器攻击的防卫要采取踢、打、摔、拿和夺等技法。在实际的防卫中,要察情观势,有的放矢,灵活机动地使用徒手夺凶器技术,出其不意击打其要害,捕捉战机扬长避短,沉着冷静攻防结合,顺势化力招法多变,是夺取凶器防卫所应坚持的战术原则。在坚持以上原则的基础上,还应注意动作准确、连贯,只有这样才能战胜暴徒。被凶器攻击防卫包括击肋压肘、拉肘踏膝、格臂错肘、挑肘蹬膝、抓腕涮臂、砍颈勾踢、翻腕踢裆和砍颈勾踢等。

一、击肋压肘

击肋压肘常在暴徒在正前方,上右步,用持匕首的右手由上向下刺受侵犯者头(肩)部时使用,动作方法(见图 5-6-1)是:

(1)立即向左侧前上左步,右小臂由外向里格挡暴徒右小臂;
(2)右手抓握住暴徒右手腕,同时左拳击其右肋部;
(3)上左步,用左小臂由上向下砸压暴徒右肘关节。

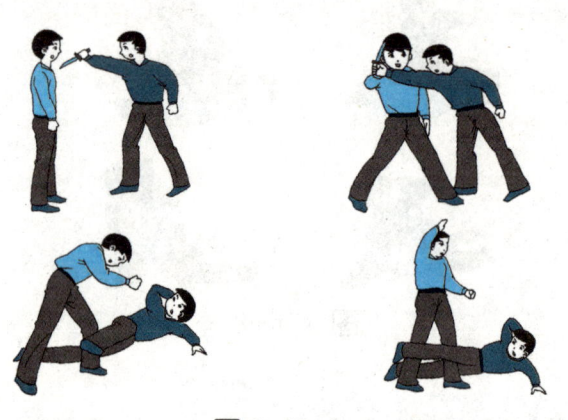

图 5-6-1

二、拉肘踏膝

拉肘踏膝常在暴徒在正前方,上右步,右手持匕首由上向下刺受侵犯者头(肩)部时使用,动作方法(见图 5-6-2)是:

(1)向前上左步,左小臂上架暴徒右小臂;
(2)左手抓握暴徒右手腕,右手由下抓住其右肘关节;
(3)左手推压暴徒右手腕,同时右手回拉,上抬其右肘,用右脚下踏其右膝窝。

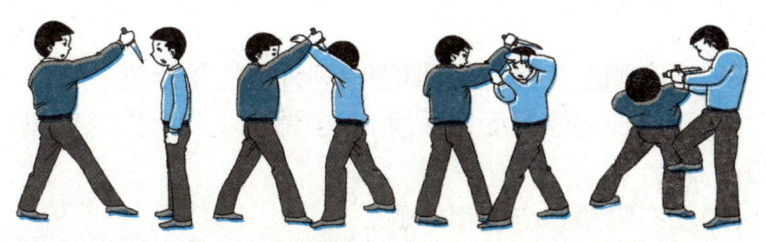

图 5-6-2

三、格臂错肘

格臂错肘常在暴徒在正前方，用右手持匕首直刺受侵犯者胸部时使用，动作方法（见图 5-6-3）是：

（1）立即向左侧前上左步，右闪身，左臂屈抬，左小臂由外向里格挡暴徒右小臂或肘；

（2）右臂由暴徒左小臂下穿过，屈抬小臂，用右小臂由里向外格挡暴徒右手腕，左小臂向前，右小臂向后，错其腕或肘关节。

图 5-6-3

四、挑肘蹬膝

挑肘蹬膝常在暴徒在正前方，上右步，用持匕首的右手由受侵犯者的左肩外侧向右侧颈部横割时使用，动作方法（见图 5-6-4）

是：

(1) 向左侧上左步，左小臂由里向外格挡暴徒右小臂；

(2) 左手抓握住暴徒右手腕，右小臂由下向上挑（挡）其右臂肘关节；

(3) 起右脚蹬暴徒右膝外侧。

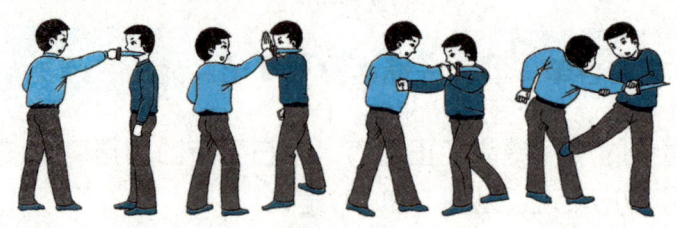

图 5-6-4

五、抓腕涮臂

抓腕涮臂常在暴徒在正前方，右手持匕首由下向上划刺受侵犯者腹部时使用，动作方法（见图 5-6-5）是：

(1) 向右侧上右步，左闪身，左小臂格压暴徒右小臂，右手由下抓其腕；

(2) 双手抓握住暴徒右手腕；

(3) 双手握暴徒右腕自左下至右上拉其右臂。

图 5-6-5

六、砍颈勾踢

砍颈勾踢常在暴徒在正前方，上右步，右手持匕首由下向上竖划受侵犯者腹部时使用，动作方法（见图5-6-6）是：

(1)横向上左步，双小臂由自己腹前相交呈十字，下架压暴徒右手腕；

(2)左手呈掌砍暴徒右侧颈部，同时右手由下抓握其右手腕；

(3)起左脚内外勾踢暴徒右小腿，同时左手扒其右肩。

图5-6-6

七、翻腕踢裆

翻腕踢裆常在暴徒在正前方，上右步，右手持短棍从受侵犯者左肩上侧向右下打时使用，动作方法（见图5-6-7）是：

(1)立即向右侧上右步，左转体，屈抬右臂，用右小臂由里格挡暴徒右小臂；

(2)左手握住暴徒右手腕，随后右手也抓握其右手腕，双手内外翻拧；

(3)屈抬右腿，弹腿踢暴徒裆部。

图 5-6-7

八、砍颈勾踢

砍颈勾踢常在暴徒在正前方,上左步,双手持铁锹向受侵犯者头(胸)部戳刺时使用,动作方法(见图5-6-8)是:

(1)立即向右侧上右步,左闪身,左手由外抓握住暴徒铁锹把;
(2)右手呈掌,平砍暴徒咽喉;
(3)同时起右脚,由外向里勾踢暴徒左小腿。

图 5-6-8

第六章 女子防身术

由于女性的生理特点与男性不同,因此女性更容易受到暴徒的攻击和威胁。一些不法之徒为非作歹,拦路抢劫或强行搂抱,对女性进行污辱。因为暴徒攻击、威胁的动机及目的不同,所以运用的防卫招法、手段也不一样。根据女性的生理特点,主要应该采取在格斗中以柔克刚、击打要害、顺势借力、以巧取胜等招法进行防卫。

第一节 托颌顶裆

托颌顶裆常在暴徒在正前方,双臂由受侵犯者腋下穿过,抱住受侵犯者腰部时使用,动作方法(见图6-1-1)是:

(1)双臂屈上举,双手上托暴徒下颌部;
(2)屈抬右腿,用右膝上顶暴徒裆部,上体自然后仰。

图 6-1-1

第二节 撞面顶裆

撞面顶裆常在受侵犯者自然站立或乘坐公交车时,暴徒在正前方,双臂抱住受侵犯者腰部时使用,动作方法(见图6-2-1)是:

(1)上体后仰,而后向前勾头,用前额撞击暴徒面部;
(2)屈抬右腿,上体后仰,用右膝上顶暴徒裆部。

图 6-2-1

第三节　顶腹拉肘

顶腹拉肘常在暴徒在右侧，双臂（手）搂抱住受侵犯者双臂及腰部时使用，动作方法（见图 6-3-1）是：

（1）向左侧撤左步，右臂屈肘，用右肘顶暴徒胸（腹）部；

（2）左手抓握住暴徒右手腕，右手由其右臂下穿过，回拉暴徒右肘关节，同时身体向右转动。

图 6-3-1

第四节　翻指撞面

翻指撞面常在受侵犯者自然站立或乘公共交通工具时，暴徒在背后，双臂（手）搂抱住受侵犯者腰部时使用，动作方法（见图 6-4-1）是：

（1）双手抓握住暴徒左、右手指，用力上翻其手指；

（2）向后仰头撞顶暴徒面部。

图 6-4-1

第五节 顶肋击面

顶肋击面常在暴徒在背后，双臂（手）搂抱住受侵犯者双臂及胸部时使用，动作方法（见图 6-5-1）是：

（1）向前上右步，双臂屈上抬（架）暴徒双臂；

（2）右手抓握暴徒左手腕，同时向左转体，用左臂肘关节侧顶暴徒左肋；

（3）右手松开暴徒左手腕，用右手击其左侧下颌，同时撤左步，左转体。

图 6-5-1

第六节 屈腿蹬腹

屈腿蹬腹常在暴徒在正前方,将受侵犯者摔倒在地,双手按摸住受侵犯者胸部时使用,动作方法(见图 6-6-1)是:

(1)立即屈抬右腿;
(2)右脚前上蹬暴徒腹部;
(3)左脚再上蹬暴徒裆部。

图 6-6-1

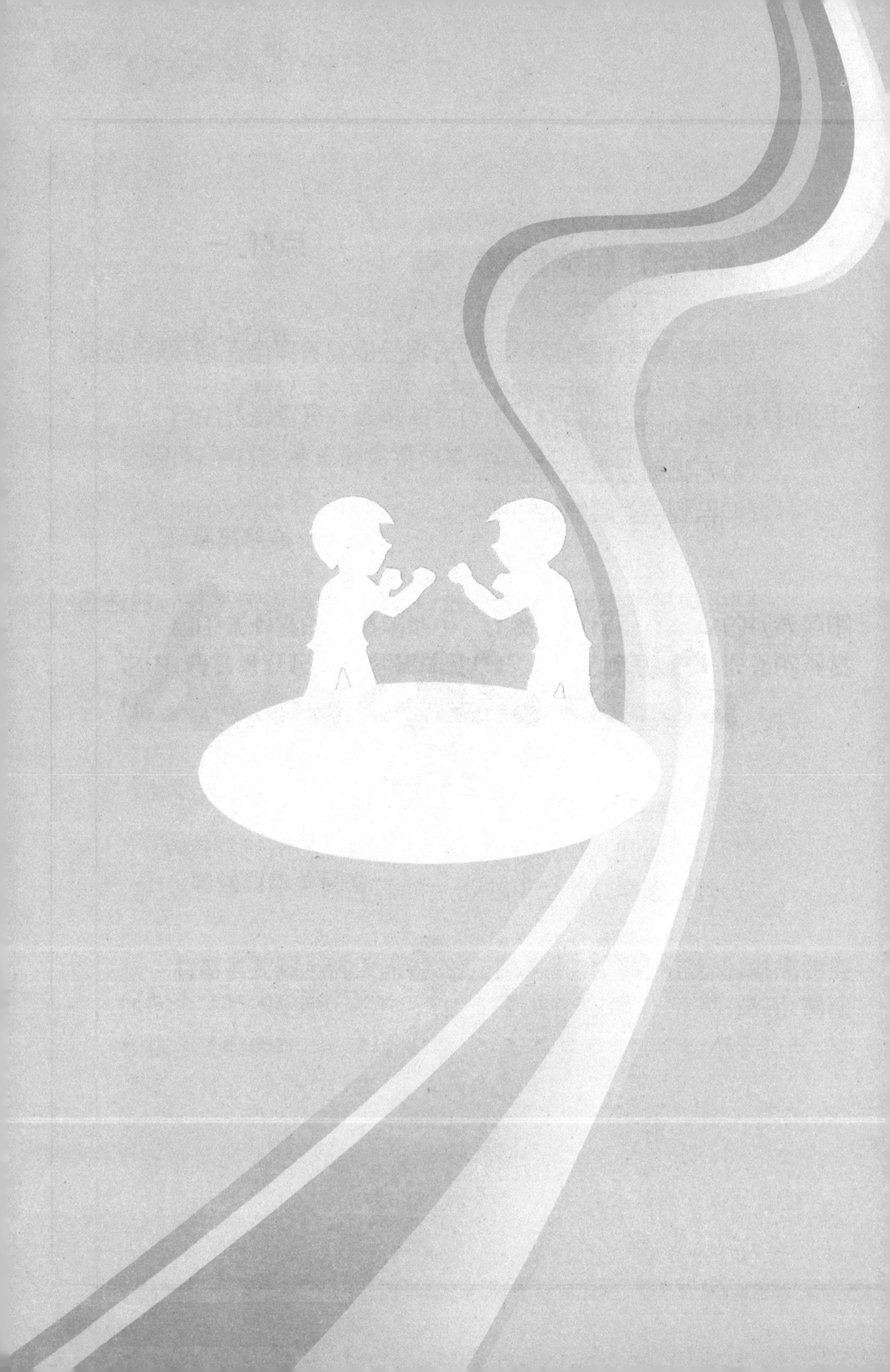

散打

第七章 散打概述

散打又称散手，历代还有许多种称谓，如相搏、手搏、白打、对拆和技击等，由于这种对抗多用擂台的形式，因此在中国民间又被称为"打擂台"。然而，现代散打与传统散打有着本质的区别。现代散打是两人按照一定的规则，运用武术中的踢、打、摔和防守等技法，进行徒手对抗的竞技体育项目，已成为中国武术的重要组成部分。

第一节 起源与发展

散打是我国特有的传统体育项目,历史悠久,内涵丰富,社会价值极高。同时,它又是中华武术的精华,是一项具有独特民族风格的体育项目,在民间广泛流传,深受人民喜爱。

散打的起源与发展是和中华民族的悠久历史同步进行的。它缘起于先辈的生产劳动和生存斗争,同时又服务于此,演化至今,已成为华夏民族灿烂文化遗产中的瑰宝。

一、起源

原始社会,人类为了猎取食物,在长期与野兽搏斗中学会了使用不同的搏斗方法,如拳打、脚踢和抱摔等简单的散打技术,还学会了一些野兽猎取食物的本领,如猫扑、狗闪、虎跳和鹰翻等。到了春秋战国时期,散打逐渐形成风格,受到了人们的重视。

二、发展

中华人民共和国成立后,武术被作为优秀的民族文化遗产加以继承和发展,散打也被作为试点项目列入全国体育院系教材。

1978 年,国家正式启动武术散打试点工作。

1979 年,国家体委决定在浙江、北京和武汉 3 个体院单位进行武术散打项目试点工作。

1982 年,确定了"全国武术散打竞赛规则"初稿,并在北京举办了全国武术对抗项目邀请赛。

1989年,散打被正式列为全国正式比赛项目。

1991年,散打成为世界锦标赛项目,到目前为止,已经举行了多届世界锦标赛,并且举办了首届散打世界杯比赛。

1998年,散打被列为第12届亚运会竞赛项目。

1999年,散打全面发展,新规则规定参赛选手除保留护裆、拳套外,去除所有护具,从而大大增强了比赛的观赏性和激烈程度,为散打运动走向市场打下了基础。近年来,在新规则的指引下,国内外赛事频繁。无论是国内的"散打王",还是对抗美国职业拳击、泰国职业泰拳,都进入了良性发展轨道。

1998年,中国散打应战欧洲联队,9∶0胜,接受美国自由搏击的挑战,8∶1胜,获曼谷亚运会武术散打全部5枚金牌。

1999年,中国散打对美国自由搏击,7∶2胜,中国功夫对美国职业拳击,7∶2胜。

2000年,中国散打对美国职业拳击,6∶3胜。

2001年,中国散打对法国自由搏击,2∶1胜,对韩国跆拳道,3∶1胜,对美国散打,4∶0胜。

2001—2003年,中国散打与泰拳进行了多次较量,在"广州站",中国散打队凭点数5∶2取胜,在"曼谷站",中国散打1∶4败,第三次"广州站"一战,中国散打7∶2胜。

第二节 特点与价值

散打之所以受到全世界人民的喜爱,这与散打的特点和价值

是分不开的。

一、特点

散打作为武术的对抗性项目，它本着"更快、更高、更强"的奥林匹克精神与国际竞技体育接轨，受到越来越多人的喜爱，并以惊人的速度在全世界范围内传播和普及，这些都与武术散打自身的特点是分不开的。

(一)体育特性

现代散打技术从传统武术中吸取精华，又从体育的观点出发，制定了散打竞赛规则。它的技法是以增强体质、交流技艺、防身自卫为练习目的的。现代散打运动是技击与体育的完美结合。

(二)对抗性

散打的基本特点就是对抗性。这种对抗，是在双方掌握了散打的基本动作和基本技术，经过一段时间的训练，在没有固定格式的情况下，在规则规定的范围内进行的较技、较智、较勇的搏击运动。

(三)鲜明的民族特色

散打是中华民族的优秀文化遗产，是在中国特定的社会历史条件下逐渐演变发展形成的，因此它具有鲜明的民族特色。

同时，散打也可以促进国家间的交流，增进国际友谊，比如一些散打邀请赛等。

二、价值

散打的价值在于它不拘泥于任何一种固定形式和武术套路，而是融合各种武术派系的精华为我所用，充分发挥武术的最大效能。

(一)强身健体

散打是一项较力、较技、斗智、斗勇的激烈对抗项目，通过散打练习，可刺激和开发练习者的速度、力量、灵敏和耐力等身体素质，提高心血管系统、呼吸循环系统的功能，以及中枢神经系统的灵活性。

(二)磨炼意志品质

散打是磨炼意志品质的独特良方。要掌握技术动作或战胜对方，就要克服自身的懒惰、消极、怯弱和畏惧等不良因素。因此，通过散打运动的锻炼，可使练习者逐渐具备坚韧、顽强、自信和果断的良好意志品质。

(三)防身自卫

搏击格斗是散打运动的本质特性。散打的技术动作，都是千百年来徒手搏杀技法的精华。在现代文明社会里，散打在防身抗暴等方面，依然有着重大的实用价值。

(四)欣赏价值

散打作为现代体育运动的项目，有着较高的表演和欣赏价值。散打是拳打、脚踢的搏击艺术，人们在观赏散打表演或比赛时，不仅可以领略搏击格斗的奇招妙术，更能目睹散打运动斗技、斗勇的场景，品味开拓人生、百折不挠的精神内涵。

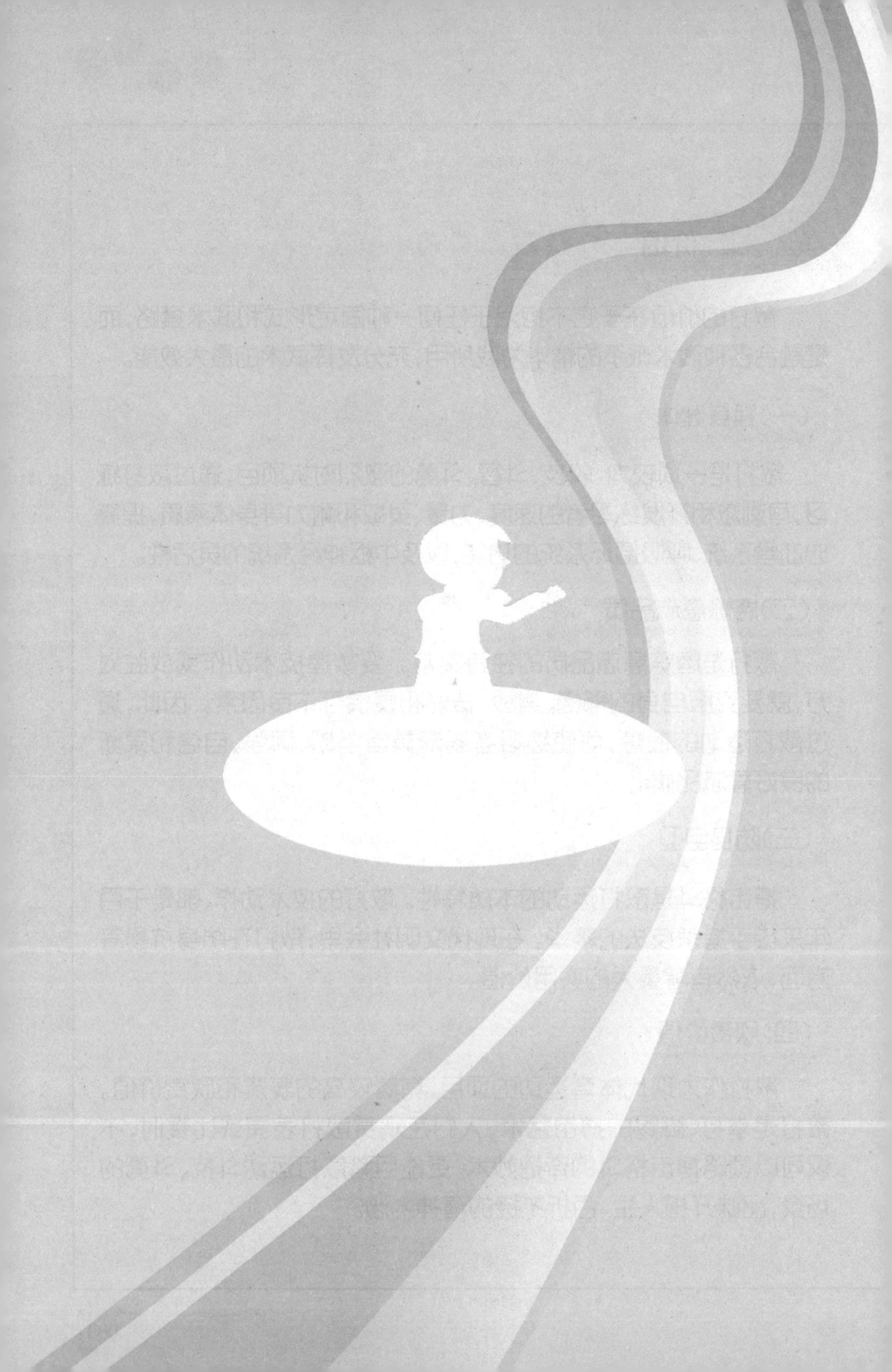

第八章 散打场地和装备

散打是一项徒手运动项目，场地较小，分为训练场地和比赛场地。场地最好选择环境安静、地面平坦的土地或木板地，周围在长 10 米、宽 9 米的范围内没有任何明显的突出物体。如果有条件的话可在训练场地内布置一些垫子或铺设地毯。同时，散打对装备的要求也是比较高的。

第一节 场地

散打场地是散打比赛中运动员互相比拼的场所，对于运动员来说非常重要，因此，需要对散打场地充分了解，从而充分利用场地来帮助自己取得胜利。

一、规格

（1）散打比赛场地是高 80 厘米、长 800 厘米、宽 800 厘米的擂台；

（2）擂台中心画有直径 120 厘米的中国武术协会会徽；

（3）台面边缘画有 5 厘米宽的红色边线，台面四边 90 厘米处画有 10 厘米宽的黄色警戒线。

二、设施

（一）立柱

台上的四角设有固定在台角的立柱，它是散打场地中的一个限制物，与围绳一起使用，起到限制场地范围的作用。在散打比赛中，如果没有立柱，运动员就会经常脱离场地。

（二）围绳

散打场地四周围有围绳，它也是场地中的一个限制物，与立柱一起使用，也起到限制场地范围的作用。在散打比赛中，经常会看

到一方运动员被另一方堵到场地的四角遭攻击的场面，这就是围绳的作用所在。

(三)垫子

（1）擂台面上铺有软垫,软垫上铺有盖单；

（2）擂台下四周铺有高 30 厘米、宽 200 厘米的保护软垫；

（3）散打是一种激烈的体育运动,垫子能够使运动员得到充分的保护,一旦一方被另一方击倒,垫子就会起到缓冲作用,保护运动员不受伤。

(四)踏梯

为了使观众能够充分享受到激烈的比赛节目,散打场地都是在地势比较高的地方建设,所以设有专门的踏梯,供运动员、场外医生和裁判员使用,同时也可避免比赛双方接触。

第二节 装备

装备是指运动员进行训练或比赛时身体需要穿着的衣物或其他护具,可防止运动员在训练或比赛时严重受伤,起到保护作用。

一、服装

(一)款式

（1）男子服装款式要求简单,上身穿背心,下身穿短裤,同时配

以护具；

（2）女子服装和男子服装相似，都以简洁为主，服装只要符合比赛要求即可。

（二）要求

（1）比赛服装多以绸缎或棉布制成，穿着舒适，能吸汗，在互抱时又不会伤害到对方；

（2）运动员上场比赛，双方必须穿戴颜色不同的运动服装；

（3）运动员必须穿戴指定的、与比赛护具颜色相同的比赛服装。

二、护具

（一）拳套（见图 8-2-1）

1. 规格

（1）65千克级以下级别的运动员使用的拳套重量为 0.23 千克（女子和青少年运动员均使用该种拳套）；

（2）70千克级及以上级别的运动员使用的拳套重量为 0.28 千克。

2. 材质

拳击手套外用软皮革制成，在手套的手背部装有较薄的鬃类物，或其他松软物。它主要用于练习拳法击打，是一种辅助器材。

图 8-2-1

(二)头盔(见图 8-2-2)

头盔也是一种保护用具,在散打比赛中,如果运动员不戴头盔和其他护具,就很有可能出现重伤的情况。头盔主要是保护运动员的头部。

图 8-2-2

(三)护齿(见图 8-2-3)

在散打比赛中,我们经常能看到运动员的护齿被打掉的情况,但是运动员的牙齿并没什么大碍,这就是护齿的作用。护齿主要是保护运动员的牙齿,防止牙齿被打掉或受到损伤。

图 8-2-3

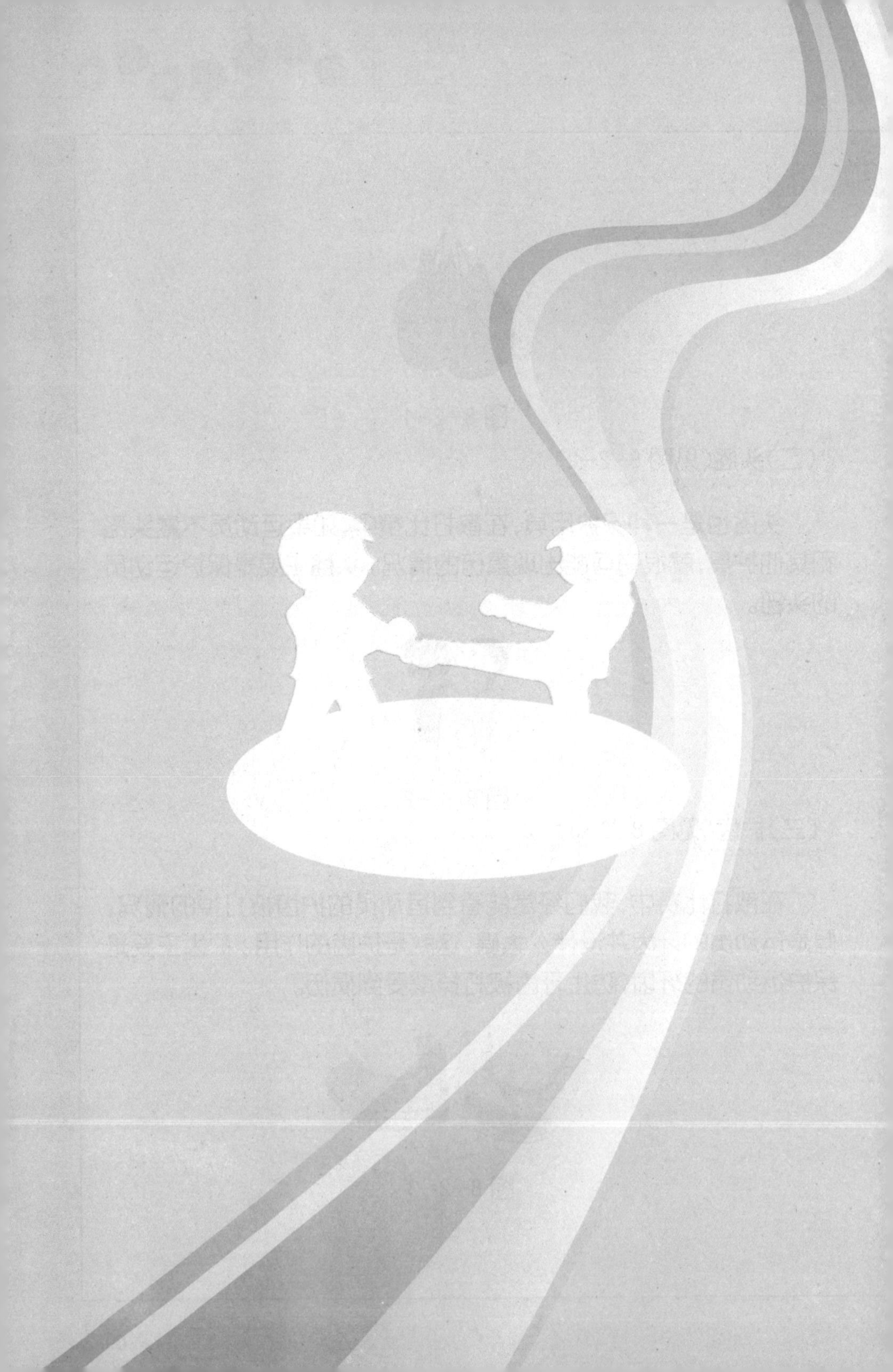

第九章 散打基本技术

散打的技术十分丰富，包括基本姿势、基本步法、基本拳法、基本腿法、基本摔法和基本组合技法等。

第一节 基本姿势

正确的基本姿势是掌握散打技术的开始。基本姿势包括站立姿势和基本手形等。

一、站立姿势

散打的实战姿势一般分为左手在前的"正架"和右手在前的"反架"。初学者可以根据自己的习惯和爱好选择其中的一种,作为散打的定势。实战姿势(以正架为例)的动作方法(见图9-1-1)是:

(1)两脚开立,与肩同宽,平行上左步,前后脚的距离略大于肩,前脚掌略内扣,后脚跟抬起,脚掌撑地;

(2)两腿膝关节略屈,身体重心在两腿之间,身体侧向前方,含胸收腹。

图9-1-1

二、基本手形

基本手形包括拳、掌和勾等。

(一)拳

拳包括俯拳和立拳。

1. 俯拳

俯拳的动作方法(见图 9-1-2)是:

(1)五指内屈握拳,拇指第一指节压在食指第二指节上;

(2)拳顶要平,拳心向下,手腕伸直。

2. 立拳

立拳的动作方法与俯拳动作方法基本一样,只是拳眼向上。

图 9-1-2

(二)掌

掌的动作包括立掌和八字掌。

1. 立掌

立掌的动作方法(见图 9-1-3)是:

四指并拢伸直,竖直立起,拇指第二关节弯曲,与四指靠拢。

2. 八字掌

八字掌的动作方法(见图 9-1-4)是:

四指并拢伸直,拇指张开。

图 9-1-3

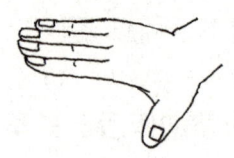

图 9-1-4

(三)勾

勾的动作方法(见图 9-1-5)是:

拇指、食指、中指捏在一块,无名指、小指和其他三指靠拢,勾尖内扣。

图 9-1-5

第二节 基本步法

步法是散打的"灵魂",无论进攻还是防守,都要依靠脚步的移动和支撑。要想学好散打,就必须掌握散打的基本步法。散打的步法包括上步、撤步、滑步、交叉步、跨步、闪步、垫步、纵跳步和转身步等。

一、上步

上步常在进攻时使用,动作方法(见图9-2-1)是:

(1)从正架开始,右脚略离地面向前上一步,身体左转,左脚以前脚掌为轴内转;

(2)同时,左、右拳前后交换呈反架。

图 9-2-1

二、撤步

撤步常在防守时使用,动作方法(见图9-2-2)是:

(1)左脚略离地面向后撤一步,身体左转,右脚以前脚掌为轴外转;

(2)同时,左、右拳前后交换呈反架。

图 9-2-2

三、滑步

滑步常在双方相持或防守时使用,包括前滑步、后滑步、左滑步和右滑步等。

(一)前滑步

前滑步的动作方法(见图 9-2-3)是:
(1)身体重心前移;
(2)同时,左脚摩擦地面向前滑行半步,右脚随即跟进半步。

图 9-2-3

(二)后滑步

后滑步的动作方法(见图 9-2-4)是:
(1)身体重心后移;
(2)同时,右脚摩擦地面向后滑行半步,左脚随即退回半步。

图 9-2-4

(三)左滑步

左滑步的动作方法(见图9-2-5)是:
(1)身体重心左移;
(2)同时,左脚向左横向摩擦地面滑行半步,右脚随即向左滑半步。

图 9-2-5

(四)右滑步

右滑步的动作方法(见图9-2-6)是:
(1)身体重心右移;
(2)同时,右脚向右横向摩擦地面滑行半步,左脚随即向右滑半步。

图 9-2-6

四、交叉步

交叉步包括前交叉步和后交叉步。前交叉步常在进攻时使用，后交叉步常在防守时使用。

(一)前交叉步

前交叉步的动作方法(见图 9-2-7)是：

右脚向左前方落步，同时左脚跟离地，两腿略呈交叉状。

图 9-2-7

(二)后交叉步

后交叉步的动作方法(见图 9-2-8)是：

右脚经左腿后方向左侧横移一步，同时脚跟离地，两腿略呈交叉状。

图 9-2-8

五、跨步

跨步常在进攻或虚晃对方时使用,也可作为防守步法使用,包括左跨步和右跨步。

(一)左跨步

左跨步的动作方法(见图9-2-9)是:

(1)左脚向左斜前方跨出一步,并屈膝内扣脚尖;

(2)同时身体左转,右肩内扣,右脚迅速向斜前方跟进,脚跟提起。

图 9-2-9

(二)右跨步

右跨步的动作方法(见图9-2-10)是:

(1)右脚向右斜前方跨出一步并屈膝,内扣脚尖,身体左转,左肩内扣;

(2)左脚迅速向斜前方跟进,脚跟提起。

图 9-2-10

六、闪步

闪步的动作幅度较大,常在防守时使用,包括左闪步和右闪步。

(一)左闪步

左闪步的动作方法(见图9-2-11)是:
(1)左脚向左侧或左斜前方滑行一步;
(2)随身体向右后拧转的同时,右脚向左后方弧线移动跟上一步。

图9-2-11

(二)右闪步

右闪步的动作方法(见图9-2-12)是:
(1)右脚向右侧或右斜前方滑行一步;
(2)随身体向右后闪转的同时,左脚向右前方弧线滑动一小步。

图 9-2-12

七、垫步

垫步的动作幅度小,可在进攻或防守时使用,包括前垫步和后垫步。

(一)前垫步

前垫步的动作方法(见图 9-2-13)是:
(1)右脚蹬地向左脚内侧跃进落步;
(2)同时左脚跟蹬地,屈膝向前上方提起。

图 9-2-13

(二)后垫步

后垫步的动作方法(见图 9-2-14)与前垫步相同,只是动作方向相反。

图 9-2-14

八、纵跳步

纵跳步的动作幅度较大,包括前纵跳步和后纵跳步。

(一)前纵跳步

前纵跳步的动作方法(见图 9-2-15)是:
右脚蹬地后向前跨越一步,左脚随即向前上一步,上体姿势不变。

图 9-2-15

(二)后纵跳步

后纵跳步的动作方法(见图 9-2-16)是:
左脚蹬地后向后撤跃一步,右脚随即回撤一步,上体姿势不变。

图 9-2-16

九、转身步

转身步常在防守时使用,包括前转身步和后转身步。

(一)前转身步

前转身步的动作方法(见图 9-2-17)是:

(1)以左脚前脚掌为轴,右脚向左脚斜前方落步,脚尖内扣,脚跟提起;

(2)同时身体左后转,左手防护头的右侧,右手防护肋、腹部,目视对方。

图 9-2-17

(二)后转身步

后转身步的动作方法(见图 9-2-18)是:

(1)以右脚前脚掌为轴,左脚由前向右后方落步,脚尖内扣;

(2)同时身体向右后转,左手护头,右手护肋、腹部,目视对方。

图 9-2-18

第三节 基本拳法

拳法是散打搏击中威慑力较强的技法,具有速度快、灵活多变等特点。散打比赛中常用的拳法有直拳、勾拳、摆拳、回手拳和捂鼻拳等。

一、直拳

直拳又叫刺拳,常用于直线进攻,特点是进攻速度快、力量大、变化灵活、动作简单、实用价值高,包括左直拳和右直拳。

(一)左直拳

左直拳的动作方法(见图 9-3-1)是:
(1)左肩向前,身体右转,左拳以手背向上、向前打出;
(2)右拳手臂放在颌侧,保护自己,目视左拳方。

图 9-3-1

(二)右直拳

右直拳的动作方法(见图 9-3-2)是：
(1)身体左转,重心移至左脚上,右腿蹬地,拧腰转胯,右肩前送,右臂拧旋,直线前冲；
(2)同时下颌略收,左拳回收至下颌处,目视右拳方。

图 9-3-2

二、勾拳

勾拳常用于攻击对方躯干或头部，特点是力量大，包括上勾拳、平勾拳和下勾拳等。

（一）上勾拳

上勾拳的动作方法（见图 9-3-3）是：
（1）左手臂弯曲小于 90°，左拳由下向上弧形勾击；
（2）左脚蹬地，身体右转，拧腰转胯，出拳时身体重心移至右脚；
（3）同时右拳回收至下颌处，目视左拳方。

图 9-3-3

（二）平勾拳

平勾拳的动作方法（见图 9-3-4）是：
（1）右手臂弯曲小于 90°，右拳由外向里水平弧形勾击；
（2）右脚蹬地，身体左转，拧腰转胯，出拳时身体重心移至左脚；
（3）同时左拳回收至下颌处，目视右拳方。

图 9-3-4

(三)下勾拳

下勾拳的动作方法(见图 9-3-5)是：
(1)右手臂弯曲小于 90°,右拳由上向斜下方弧形勾击；
(2)右脚蹬地,身体左转,拧腰转胯,出拳时身体重心移至左脚；
(3)同时左拳回收至下颌处,目视右拳方。

图 9-3-5

三、摆拳

摆拳常用于攻击对方面部两侧,特点是进攻力量大、命中率不高,包括左摆拳和右摆拳。

(一)左摆拳

左摆拳的动作方法(见图 9-3-6)是:

(1)左拳由身体左侧向前,在臂伸直的一瞬间向右下方击出,肘关节上翻,借助身体右转的力量将拳打出;

(2)右脚蹬地,身体右转,拧腰转肩,出拳时身体重心移至右脚,以加大摆力;

(3)同时左拳回收至下颌处,目视前方。

图 9-3-6

(二)右摆拳

右摆拳的动作方法(见图 9-3-7)是:

(1)右拳由身体右侧向前,在臂伸直的一瞬间向左下方击出,肘关节上翻,借助身体左转的力量将拳打出;

(2)右脚蹬地,身体左转,拧腰转肩,出拳时身体重心移至左脚,以加大摆力;

(3)同时右拳回收至下颌处,左手臂起防护作用,目视前方。

图 9-3-7

四、回手拳

回手拳常用于进攻对方面部,特点是进攻迅速、突然,包括右回手拳和左回手拳。

(一)右回手拳

右回手拳的动作方法(见图 9-3-8)是:
(1)右臂弯曲,以肘关节为轴,向前反背弹击,拧腰转胯;
(2)同时左拳回收至下颌处,目视前方。

图 9-3-8

(二)左回手拳

左回手拳与右回手拳的动作方法基本相同,只是方向相反。

五、捂鼻拳

捂鼻拳又称掩手,常在双方抱缠时使用,用来脱身,动作方法(见图9-3-9)是:

(1)由左防卫势开始,双拳开掌直线向前推压;

(2)掩压对方的面部,遮掩其视线,堵闭其口鼻,造成呼吸困难。

图9-3-9

第四节 基本腿法

腿法是散打运动中不可缺少的技术,一般在中、远距离使用,具有攻击幅度大、动作迅猛等特点。腿法包括蹬腿、踹腿、里合腿、转身外摆腿、勾踢腿和侧弹腿等。

一、蹬腿

蹬腿的力量和动作幅度大,主要用来攻击对方的躯干部位,包括左蹬腿和右蹬腿。

(一)左蹬腿

左蹬腿的动作方法(见图9-4-1)是:
(1)由正架姿势开始,左腿提膝抬起,勾脚;
(2)当膝略高于髋时,脚向前蹬出。

图 9-4-1

(二)右蹬腿

右蹬腿的动作方法(见图9-4-2)是:
(1)由正架姿势开始,身体略左转,左脚跟略内扣,身体重心移到左腿;
(2)同时右腿屈膝前抬,勾脚,向前蹬出。

图 9-4-2

二、踹腿

踹腿的力量和动作幅度大,主要用来攻击对方的躯干部位,包括左踹腿和右踹腿。

(一)左踹腿

左踹腿的动作方法(见图 9-4-3)是:
(1)由正架姿势开始,身体重心移向右腿,右脚跟内扣;
(2)左腿屈膝抬起,与髋同高,脚尖勾起,由屈到伸向侧前方踹出;
(3)击打目标后,左脚收回原位。

图 9-4-3

(二)右踹腿

右踹腿的动作方法(见图9-4-4)是:
(1)由正架姿势开始,身体左转,左脚跟内扣,重心移至左腿;
(2)右腿屈膝抬起,与髋同高,脚尖勾起,由屈到伸向前方踹出;
(3)击打目标后,右脚收回原位。

图 9-4-4

三、里合腿

里合腿力量较大,一般用来攻击对方的头部或躯干,包括左里合腿和右里合腿。

(一)左里合腿

左里合腿的动作方法(见图9-4-5)是:
(1)由正架姿势开始,上体略右转并侧倾,右脚跟内扣;
(2)左膝前顶,与髋同高,大腿带动小腿,由屈到伸向前方横踢,同时展髋;

（3）击打目标后，左脚收回原位。

图 9-4-5

（二）右里合腿

右里合腿的动作方法（见图 9-4-6）是：
（1）由正架姿势开始，身体左转，左脚跟内扣，重心移至左腿；
（2）右膝前顶与髋同高，大腿带动小腿，由屈到伸向前方横踢，同时展髋；
（3）击打目标后，右脚落地呈反架。

图 9-4-6

四、转身外摆腿

转身外摆腿的动作幅度和力量都很大，但由于需要转身，因此动作相对较慢，容易被对方进攻，包括左转身外摆腿和右转身外摆腿。

(一)左转身外摆腿

左转身外摆腿的动作方法(见图 9-4-7)是:

(1)由正架姿势开始,上右步,重心移至右腿;

(2)左脚离地,同时发力于腰,向左后转体 360°,左腿横扫;

(3)击打目标后,左脚落回原位。

图 9-4-7

(二)右转身外摆腿

右转身外摆腿的动作方法(见图 9-4-8)是:

(1)由正架姿势开始,重心移至左腿,发力于腰,向右后转体 360°;

(2)同时右脚离地,随转体向前横扫;

(3)击打目标后,右脚落回原位。

图 9-4-8

五、勾踢腿

勾踢腿的动作幅度小,主要攻击对方下肢,常配合摔法使用,动作方法(见图9-4-9)是:

(1)由正架姿势开始,左脚脚跟内扣,膝外展,重心移至左腿,身体左转180°;

(2)同时右大腿带动小腿向前、向左弧线擦地勾踢;

(3)击打目标后,右脚收回原位,恢复实战姿势。

图9-4-9

六、侧弹腿

侧弹腿的动作幅度和力量都较小,主要攻击对方下肢,使对方下肢麻木,为下一次进攻做好充分准备,动作方法(见图9-4-10)是:

(1)由正架姿势开始,右脚跟内扣,重心移至右腿;

(2)左大腿带动小腿由屈到伸向前鞭打;

(3)击打目标后,左脚收回原位。

图 9-4-10

第五节 基本摔法

摔法是散打技术中不可缺少的一部分，过硬的摔法不仅是防守的关键，也是进攻的一种手段，更是由守转攻、直接得分的重要途径。摔法包括抱腿前顶摔、旋压摔、抱腿别腿摔、抱腿打腿摔、抱腿过胸摔、夹颈过背摔、插肩过背摔、抱腰过背摔、抱腿摔、抱腿上托摔、抱腿甩、抱腿勾踢摔和抄腿勾踢摔等。

一、抱腿前顶摔

抱腿前顶摔的动作方法（见图 9-5-1）是：
(1)双方由正架姿势开始；
(2)一方右脚蹬地，身体下潜上左步，两手抱对方双腿膝窝；
(3)同时左肩前顶，两手回拉将对方摔倒。

图 9-5-1

二、旋压摔

旋压摔的动作方法（见图 9-5-2）是：

（1）双方由正架姿势开始；

（2）一方右脚蹬地，身体下潜上左步，重心移至左腿，左手抱对方前大腿，右手抓住对方前脚外踝；

（3）以左脚掌为轴，身体向右后方旋转，同时右手提，左肩压，将对方摔倒。

图 9-5-2

三、抱腿别腿摔

抱腿别腿摔的动作方法（见图 9-5-3）是：

（1）双方由正架姿势开始；

（2）一方右脚蹬地，身体下潜上左步，左手抱对方大腿，右手抱其小腿于胸前，右脚跟进半步，左腿插在对方的支撑腿后面；

（3）然后上体后转，用左腿别住对方后腿，将其摔倒。

图 9-5-3

四、抱腿打腿摔

抱腿打腿摔的动作方法（见图 9-5-4）是：

（1）双方由正架姿势开始，一方右脚蹬地，身体下潜上左步，左手抱对方的前大腿，右手抱住对方前腿于胸前；

（2）右脚跟进半步，然后用左脚勾踢对方的支撑腿；

（3）同时上体右转，将对方摔倒。

图 9-5-4

五、抱腿过胸摔

抱腿过胸摔的动作方法（见图 9-5-5）是：

（1）双方由正架姿势开始，一方右脚蹬地，身体下潜上左步，两手抱住对方的双腿膝窝；

（2）右脚跟进半步，然后双腿蹬伸，上体后倾向左后转身；

（3）随后弓腰、仰头，将对方摔倒。

图 9-5-5

六、夹颈过背摔

夹颈过背摔的动作方法（见图 9-5-6）是：

（1）双方由正架姿势开始，一方上左步，同时用左臂夹对方颈部，右手抓住对方左前臂；

（2）身体右转，右腿跟进半步，臀抵在对方小腹前；

（3）然后两腿蹬伸、弓腰，头右转，将对方摔倒。

图 9-5-6

七、插肩过背摔

插肩过背摔的动作方法（见图9-5-7）是：
（1）双方由正架姿势开始，一方上左步，同时左手插入对方右臂腋下，右手抓住对方左前臂；
（2）身体右转，左腿跟进半步，臀抵在对方小腹前；
（3）然后两腿蹬伸、弓腰，头右转，将对方摔倒。

图9-5-7

八、抱腰过背摔

抱腰过背摔的动作方法（见图9-5-8）是：
（1）双方由正架姿势开始，一方上左步，同时左手搂抱住对方后腰，右手抓住对方左前臂；
（2）身体右转，右脚跟进半步，臀抵在对方小腹前；
（3）然后两腿蹬伸、弓腰，头右转，将对方摔倒。

图9-5-8

九、抱腿摔

抱腿摔的动作方法(见图9-5-9)是：

(1)双方由正架姿势开始，当对方以前踹或前蹬进攻时，两手抓其进攻脚，然后左手抓其脚踝，同时右手抓其脚背；

(2)退步回拉，然后跨左步，上右步；

(3)双手由内向左上方划弧，将对方摔倒。

图 9-5-9

十、抱腿上托摔

抱腿上托摔的动作方法(见图9-5-10)是：

(1)双方由正架姿势开始；

(2)当对方以前踹或前蹬进攻时，用左手抓其脚踝，右手抓其脚背；

(3)双手向前上方推送，将对方摔倒。

图 9-5-10

十一、抱腿甩

抱腿甩的动作方法(见图 9-5-11)是:
(1)双方由正架姿势开始;
(2)当对方以前踹或前蹬进攻时,用左手抓其脚踝,右手抓其脚背;
(3)退步下拉,弓腰、压膝,将对方摔倒。

图 9-5-11

十二、抱腿勾踢摔

抱腿勾踢摔的动作方法(见图 9-5-12)是:
(1)双方由正架姿势开始,当对方以前蹬或前踹进攻时,用左手抓其脚踝,右手抓其脚背;
(2)双手回拉,上体含胸左转,同时右手松开,抓对方前腿膝窝;
(3)随后右脚勾踢对方支撑腿脚跟,上体右转,将对方摔倒。

图 9-5-12

十三、抄腿勾踢摔

抄腿勾踢摔的动作方法(见图9-5-13)是：
(1)双方由实战姿势开始；
(2)当对方用后里合腿进攻时，抢先进步，用右手臂抓其膝窝，左手搂抱对方小腿；
(3)用右手压对方颈部，右脚勾踢对方支撑腿脚踝，上体右转，右手回拉，将对方摔倒。

图 9-5-13

第六节 基本组合技法

单一的进攻动作一般难以有效击中对方，若将各种进攻动作合理地组合起来，则较容易攻破对方防线。各种拳法、腿法和摔法可以组合成无数进攻组合技法，本节介绍一些常用的组合技法。

一、左直拳(虚)—左直拳—右直拳

左直拳(虚)—左直拳—右直拳的动作方法(见图9-6-1)是：
(1)由正架姿势开始；

(2)先用左直拳虚击对方头部；

(3)在对方作出防守动作,恢复实战姿势的瞬间,迅速向前滑步,并以左、右直拳连续攻击其头部。

图 9-6-1

二、左直拳(虚)—左摆拳—右直拳

左直拳(虚)—左摆拳—右直拳的动作方法(见图 9-6-2)是：

(1)先用左直拳虚击对方头部；

(2)当对方用右手向前做阻挡防守动作时,迅速将左直拳变为左摆拳攻击其头部；

(3)紧接着以右直拳攻击对方头部。

图 9-6-2

三、左直拳（虚）—左蹬腿—左直拳

左直拳（虚）—左蹬腿—左直拳的动作方法（见图9-6-3）是：
(1) 先用左直拳虚击对方头部；
(2) 当对方防守上部时，迅速起左脚蹬击其腹部；
(3) 左脚随即前落，以左直拳攻击对方头部。

图 9-6-3

四、左直拳（虚）—左蹬腿—右踹腿

左直拳（虚）—左蹬腿—右踹腿的动作方法（见图9-6-4）是：
(1) 先以左直拳虚击对方头部；
(2) 当对方防守头部时，迅速起左脚蹬击其腹部；
(3) 左脚随即回落，身体左转，同时抬右腿侧踹对方胸部。

图 9-6-4

五、左摆拳（虚）—右直拳—左摆拳

左摆拳（虚）—右直拳—左摆拳的动作方法（见图9-6-5）是：
(1) 以左摆拳虚击对方头部右侧；
(2) 当对方用右臂格挡防守时，迅速向前滑步，并以右直拳攻击其头部；
(3) 紧接着身体右转，并以左摆拳横击对方头部右侧。

图9-6-5

六、左摆拳（虚）—左摆拳—右直拳

左摆拳（虚）—左摆拳—右直拳的动作方法（见图9-6-6）是：
(1) 以左摆拳虚击对方头部右侧；
(2) 当对方抬臂防守头部时，迅速潜身以左摆拳横击其右侧；
(3) 紧接着起身左转，以右直拳击打对方头部。

图9-6-6

七、右摆拳（虚）—左摆拳—右勾拳

右摆拳（虚）—左摆拳—右勾拳的动作方法（见图9-6-7）是：
(1)略向左转身，并以右摆拳虚击对方头部左侧；
(2)当对方用左臂格挡防守时，迅速向右转体，并以左摆拳攻击其头部右侧；
(3)紧接着向左转体，以右勾拳攻击对方腹部。

图 9-6-7

八、左蹬腿（虚）—左直拳—右直拳

左蹬腿（虚）—左直拳—右直拳的动作方法（见图9-6-8）是：
(1)以左蹬腿虚踢对方下腹部；
(2)当对方防守下部时，迅速前落左腿，并以左直拳攻击其头部；
(3)右直拳随即追击。

图 9-6-8

九、左弹腿（虚）—右踹腿—左踹腿

左弹腿（虚）—右踹腿—左踹腿的动作方法（见图9-6-9）是：
（1）以左弹腿虚踢对方裆部；
（2）当对方后闪躲避防守时，左腿迅速前落，以右脚向前踹击其腹部；
（3）紧接着右腿回落于左脚内侧并内扣，同时身体向左后转，以左脚踹击对方肋部。

图 9-6-9

十、左直拳—左摆拳—右勾拳

左直拳—左摆拳—右勾拳的动作方法（见图9-6-10）是：
（1）向前滑步，主动以左直拳抢攻对方头部；
（2）紧接着迅速以左摆拳横击对方头部右侧；
（3）身体左转，以右勾拳猛击对方腹部。

图 9-6-10

十一、左直拳—右直拳—右踹腿

左直拳—右直拳—右踹腿的动作方法(见图 9-6-11)是：
(1)向前滑步,同时以左、右直拳连击对方头部;
(2)当对方忙于防守上部时,迅速向左转身,并以右踹腿攻击其腹部。

图 9-6-11

十二、左直拳—右直拳—快摔

左直拳—右直拳—快摔的动作方法(见图 9-6-12)是：
(1)向前滑步,同时以左、右直拳连击对方头部;
(2)当对方忙于防守上部时,迅速潜身上右步,同时两手勒住对方左膝关节后部,右肩向前猛烈撞击其腹部,将其摔倒。

图 9-6-12

第十章 散打基础战术

散打战术是合理组织和运用各种技术方法,充分发挥自己的身体功能和技术特长,争取实战或比赛最终胜利的艺术。战术是技术的灵魂,离开了各种战术的合理组织和运用,任何高超的技术都将失去其应有的攻击威力。散打的战术较为丰富,本章仅介绍常用的几种。

第一节 进攻战术

在激烈的散打比赛中,运动员精神高度紧张,双方的一举一动都会使对方作出反应。这时如果双方技术水平相当,善于运用假动作等战术,就会有把握地取得胜利。

一、主动抢攻

主动抢攻是指在对方注意力分散、没有防备,或动作有漏洞的情况下,主动、快速地使用各种技术动作突然打击对方。这是一种"先发制人"的战术方法,可以先声夺人,压制对方气势和意志,牵制对方行动,破坏对方战术意图,掌握比赛主动权。

二、佯攻巧打

佯攻巧打是指隐瞒自己的真实意图,利用各种假动作诱骗对方,转移并分散对方的注意力,从而实现真实的进攻目的。这是一种"声东击西"的战术方法,既可以使对方产生无效反应,为自己赢得进攻时间,还可以使对方的注意力集中到某一部位,导致肢体和重心的偏移,从而为自己赢得攻击空间。

三、先得分战术

先得分战术是指主动攻击对方,先得分,然后根据实际情况继

续扩大战果或防守反击,以保住得分。这种战术常用于以下情况:
(1)对方进入比赛状态较慢;
(2)对方比赛经验不足;
(3)对方立足未稳。

四、迂回战术

迂回战术是指利用步法移动从侧面进攻,常在以下情况中运用:
(1)对方力量大、速度快,正面进攻凶猛;
(2)对方注意力集中于正面防守。

第二节 其他战术

其他战术包括防守反击战术、制短战术、体力战术和心理战术等。

一、防守反击战术

防守反击战术是指利用自己反击能力较好的特点,待对方进攻时给予有力回击,这种战术常用于以下情况:
(1)对方进攻动作比较单一;
(2)对方性情急躁,缺乏比赛经验,喜欢猛冲猛打。

二、制短战术

制短战术是指在比赛中集中力量专门进攻对方的薄弱环节，制其所短。每一名运动员在具备优点的同时也相对有自己的缺点，比赛中要善于发现其缺点。比如，有的运动员防拳能力差、有的运动员防腿能力差、有的运动员防摔能力差等。了解对方缺点有以下几个途径：

（1）通过观察对方训练或比赛，以及回忆与对方交手的经历；

（2）通过比赛中试探性的进攻来判断对方的弱点；

（3）通过向与其交过手的队友询问。

三、体力战术

体力战术是指耐力好的运动员发挥自己体力较对方好的优势，在比赛过程中让对方和自己一直处于不断的运动中，消耗对方的体力，使对方因体力不支而影响技战术的发挥，甚至被击倒。实施体力战术要根据对方的具体情况而定。

（1）如果对方技术较差，可以技术取胜；

（2）如果对方技术较好，可采取消耗对方体力的打法取胜；

（3）如果与对方实力相当，应有打持久战的心理准备；

（4）如果对方体力较差，应不给对方喘息的机会，使对方体力迅速下降，以此取胜。

四、心理战术

心理战术是指通过一些特定的方式和措施，给对方造成心理上的压力，从而取得比赛胜利。常用的心理战术有以下几点：

(1)比赛开始前利用表情、动作威胁对方；

(2)激怒对方或松懈对方的斗志；

(3)赛前隐瞒实力或夸大自身实力，给对方造成心理压力。

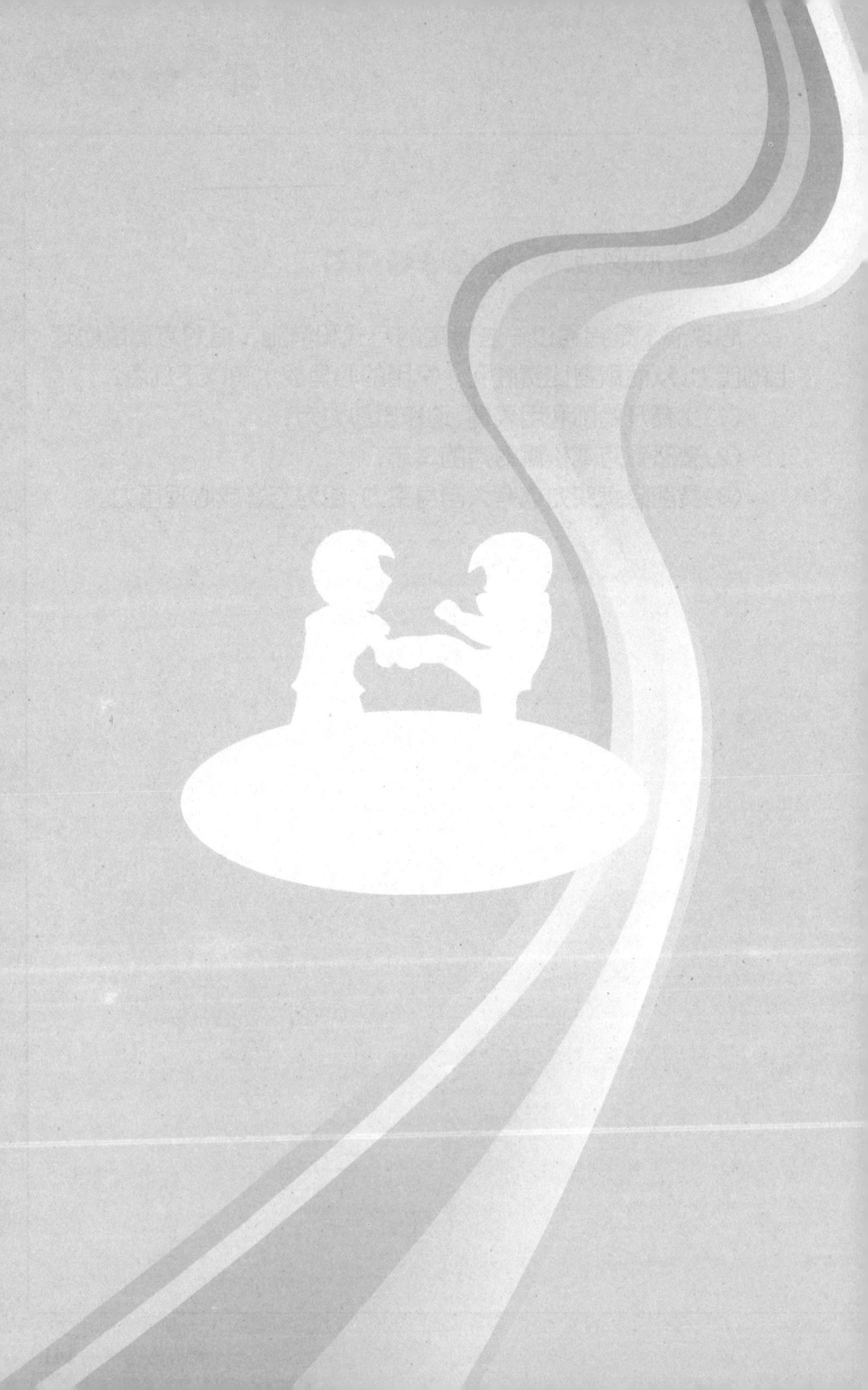

第十一章 散打比赛规则

　　散打作为一项激烈的体育运动，如果没有严格的比赛规则和程序，就不可能受到全世界人民的喜爱。散打比赛的程序和规则正是使散打比赛更加具有观赏性价值的所在，所以，对于初学者来说，了解散打的规则和程序是很有必要的。

第一节 程序

散打比赛并不是任何人都能参加的，这项运动有它自己的参赛程序和参赛办法，而且根据参加比赛运动员的体重不同，所参加的比赛级别也不相同。参加比赛的运动员必须符合现定的参赛条件。

一、参赛办法

(一)参赛级别

(1)52千克级(52千克和52千克以下)；
(2)56千克级(52千克以上～56千克)；
(3)60千克级(56千克以上～60千克)；
(4)65千克级(60千克以上～65千克)；
(5)70千克级(65千克以上～70千克)；
(6)75千克级(70千克以上～75千克)；
(7)80千克级(75千克以上～80千克)；
(8)85千克级(80千克以上～85千克)；
(9)85千克以上级。

(二)资格审查

(1)运动员必须携带《运动员注册证》《运动员手册》，及本人15天以内县级以上医院出具的包括脑电图、血压、脉搏等指标在内的身体检查证明；

(2)运动员的年龄限在 18～35 周岁；

(3)运动员必须有参加比赛的人身保险证明。

(三)弃权

(1)比赛期间，运动员因伤病不能参加比赛，作弃权处理；

(2)比赛进行时，两方运动员因实力相差悬殊，为保护本方运动员的安全，教练员可以举弃权牌表示弃权，运动员也可以举手要求弃权；

(3)赛前 3 次点名未到或点名后擅自离开而不能按时上场，作无故弃权处理；

(4)比赛期间，运动员无故弃权，取消本人全部成绩。

二、比赛方法

(一)赛规

(1)练习者见到老师时，应向老师敬礼问好；

(2)队员之间进行交手时应相互敬礼，练习后再次相互敬礼；

(3)敬礼的标准姿势为抱拳礼，即两腿并立，左掌右拳于胸前相抱，高于胸部，手与胸之间的距离为 20～30 厘米；

(4)比赛开始前，运动员要先向裁判员和观众敬礼，然后要向对方运动员敬礼，比赛结束后再次敬礼。

(二)禁击部位与得分部位

(1)禁击部位主要包括后脑、颈部、裆部；

(2)得分部位主要包括头部、躯干、大腿和小腿。

(三)禁用方法与可用方法

1. 禁用方法
(1)用头、肘、膝和反关节的动作进攻对方；
(2)用转身后摆腿进攻对方头部；
(3)用迫使对方头部先着地的摔法或有意砸压对方；
(4)一方倒地，另一方用脚进攻对方头部。
2. 可用方法
除禁用方法外的各种武术流派的招法。

(四)得分标准

(1)用主动倒地的动作致使对方倒地而自己迅速站立者，得3分；
(2)用转身后摆腿击中对方躯干部位而自己站立者，得3分；
(3)一方倒地(两脚以外任何部位接触台面)时，站立者得2分；
(4)被强制读秒一次，对方得2分；
(5)受警告一次，对方得2分；
(6)用手法击中对方得分部位得1分；
(7)用腿法击中对方头部、大腿和小腿得1分；
(8)被指定进攻后，8秒内仍不进攻，对方得1分；
(9)主动倒地超过3秒钟不起立，对方得1分；
(10)受劝告一次，对方得1分；
(11)方法不清楚，效果不明显，互不得分；
(12)双方倒地或下台，互不得分；

(13)双方互打互踢，均不得分；
(14)抱缠时击中对方，互不得分。

第二节 裁判

学习和了解裁判方法，对于我们掌握裁判员的判罚尺度、提高比赛成绩、合理有效地运用规则会有很大的帮助。

一、裁判员

在散打比赛中，裁判员的作用十分重要，当一方运动员被另一方打昏或已经没有体力再进行比赛时，裁判员就要负责出场停止比赛，宣布胜负，避免伤亡事故的发生。

裁判人员在大会的统一领导下进行工作，在执行裁判工作时，要努力做到严肃认真、公正准确、谦虚谨慎。

二、评判

(一)记分方法

(1)边裁判根据得分标准和台上裁判员的裁决，记录运动员的得分及犯规情况，每局比赛结束后将运动员的得分填入记分表中；

(2)记录员将劝告、警告、取消比赛资格、强制读秒进行记录;

(3)循环赛时,编排记录组根据每场比赛的结果在记分表中为胜方记 2 分,负方记 0 分,平局各记 1 分,因对方弃权获胜时,记 2 分,弃权者为 0 分。

(二)胜负裁定

1. 优势胜利

(1)在比赛中,双方实力相差悬殊,台上裁判员征得裁判长的同意,判技术强者为该场胜方;

(2)被重击(侵人犯规除外)倒地不起达 10 秒钟,或虽能站立但知觉失常,判对方为该场胜方;

(3)比赛中,被重击强制读秒(侵人犯规除外)达 3 次,判对方为该场胜方。

2. 每局胜负裁定

(1)在每局比赛结束时,依据边裁判员的评定结果,判定每局胜负;

(2)一局比赛中,一方受重击被强制读秒(侵人犯规除外)2 次,另一方为该局胜方;

(3)一局比赛中,一方 2 次下台,另一方为该局胜方;

(4)一局比赛中,双方出现平局时,按本局受警告、劝告少者,当天体重轻者的顺序判定胜负,如上述 3 种情况仍相同,则为平局。

3. 每场胜负评定

(1)一场比赛,先胜 2 局者为该局胜方;

(2)比赛中，运动员出现伤病，经医生诊断不能继续比赛的，判对方为该场胜方；

(3)比赛中，因一方犯规，另一方诈伤，经医务监督诊断后，判犯规一方为胜方；

(4)因对方犯规而受伤，通过医务监督检查确认不能继续比赛的，为该场胜方，但不得参加以后的比赛；

(5)循环赛时，一场比赛中，如获胜局数相同时，则判为平局；

(6)淘汰赛时，一场比赛中，如获胜局数相同，则依受警告、劝告少者的顺序决定胜负，如仍相同，则加赛一局，依此类推。

(三)名次评定

1. 个人名次

(1)淘汰赛时，直接产生名次；

(2)循环赛时，积分多者名次列前，若两人或两人以上积分相同时，负局数少者、受警告少者、受劝告少者、体重轻者列前，以上四种情况仍相同，名次并列。

2. 团体名次

(1)比赛录取前8名时，分别按9、7、6、5、4、3、2、1的得分计算；

(2)比赛录取前6名时，分别按7、5、4、3、2、1的得分计算；

(3)两个或两个以上的团体分数相等时，依次按下列因素列名次：

①个人获第一名多的队名次列前，如再相等时，个人获得第二名多的队名次列前，依此类推；
②受警告少的队名次列前；
③受劝告少的队名次列前；
④如以上几种情况仍相等，名次并列。

三、犯规

(一)技术犯规

(1)消极搂抱对方；
(2)处于不利状况时举手要求暂停；
(3)比赛中场外进行指导；
(4)比赛中对裁判员有不礼貌的行为或不服从裁判；
(5)比赛中大声叫喊；
(6)有意拖延比赛时间；
(7)上场不戴或吐落护齿，有意松脱护具；
(8)运动员不遵守礼仪规定。

(二)侵人犯规

(1)在口令开始前或喊停后进攻对方；
(2)击中对方禁击部位；
(3)用不允许的方法击中对方。

四、判罚

(1)每出现1次技术犯规，劝告1次；
(2)每出现1次侵人犯规，警告1次；
(3)受罚失分达6分者，判对方为胜方；
(4)运动员故意伤人，取消该场比赛资格，判对方为胜方；
(5)运动员使用兴奋剂或局间休息时输氧，取消比赛资格。

五、停赛

出现以下情况时可暂停比赛：
(1)运动员倒地（主动倒地除外）或下台时；
(2)运动员犯规受罚时；
(3)运动员使用3分动作有效时；
(4)运动员受伤时；
(5)运动员相互抱缠没有进攻动作时；
(6)判定运动员消极时；
(7)运动员主动倒地超过3秒时；
(8)运动员由于客观原因举手要求暂停时；
(9)裁判长纠正错判、漏判时；
(10)处理场上问题及发现险情时。